I0644418

PERSPECTIVES COMPARATISTES
sous la direction de Véronique Gély et Bernard Franco
119

Sciences en littérature

Isabelle Mons

Sciences en littérature

D'un savoir-faire ambitieux à la déshumanisation de la créature

PARIS
CLASSIQUES GARNIER
2022

Isabelle Mons est enseignante à l'université Sorbonne Paris Nord et travaille sur le dialogue entre la littérature, les sciences humaines et les arts. Elle s'intéresse également à l'histoire des femmes et à la résistance comme terrain de création. Elle a notamment publié *Lou Andreas-Salomé* (Paris, 2012), *Femmes de l'âme* (Paris, 2015) et *Femmes en résistance. Paroles et actes politiques* (Paris, 2019).

© 2022. Classiques Garnier, Paris.
Reproduction et traduction, même partielles, interdites.
Tous droits réservés pour tous les pays.

ISBN 978-2-406-13135-9 (livre broché)
ISBN 978-2-406-13136-6 (livre relié)
ISSN 2103-480X

INTRODUCTION

Querelle des savoirs, harmonie des discours

Tout ne tient qu'à une conjonction de coordination : littérature *et* sciences. Inverser l'énoncé ne détermine pas la primauté de la logique sur la poétique, ainsi pensée dans sa fonction d'opposante. Il serait juste d'envisager leur coexistence voire la façon dont elles peuvent s'approprier leurs atouts respectifs jusqu'à ce que s'exerce entre elles une forme de *mimesis*. L'ambiguïté du débat tiendrait donc à ces deux lettres « e-t » qui les hiérarchisent, quand bien même elles seraient indispensables l'une à l'autre.

Penser le monde, y envisager la place de l'humain sont les grandes interrogations qui au fil des âges ont rassemblé, confondu ou séparé hommes de lettres et hommes de sciences. Les plus grandes découvertes scientifiques sont passées par l'usage d'un discours mouvant, épousant les forces de l'époque et les querelles de ceux qui n'envisageaient pas les risques pris à l'occasion d'un inexorable progrès. Il existe une rhétorique relative à chaque mode d'expression, autant la communication verbale spontanée – qui aurait oublié le fameux *Eurêka* d'Archimède ? – que les longs discours d'Hippocrate démontrant l'universalité de la science. Celle-ci peut-elle être un objet pour la littérature et peut-elle expliquer à ce point le monde ? Culture, discipline, domaine, la question de leur nomination reflète la difficulté que d'aucuns éprouvent pour les situer dans l'univers de la connaissance. Quel est aussi l'outil qui autorise le bon déroulement de toute démarche scientifique, créant une harmonie entre le verbe et la technique ? Est-elle conduite à des conclusions vérifiées et légitimées par la verbalisation du résultat ? C'est le *logos* qui, créant ce lien avec les sciences, ouvre le débat sur cette éventuelle subordination. Là réside un danger réel.

Lorsqu'en 1968, Charles Percy Snow s'exprime sur « les deux cultures[1] » représentées d'un côté par les scientifiques, d'un autre par

---

1 Snow, Charles Percy, *Les deux cultures*, suivi de *Supplément aux deux cultures (1959)*, traduit de l'anglais par Claude Noël, Paris, Éditions Jean-Jacques Pauvert, 1968.

les non-scientifiques considérés inaptes à comprendre l'expérimentation car trop enclins à l'imaginaire, il attire à lui toutes les controverses possibles. Il caractérise les littéraires par leur absence de discernement, et les scientifiques par leur optimisme et leur foi en l'expérience. Ce débat essentiellement anglo-saxon met au jour les problèmes d'éthique qu'a posés une technologie toute-puissante marquée par l'apothéose atomique à la fin de la Seconde Guerre mondiale, et malgré son ancienneté, survit une problématique toujours vive. Faudrait-il penser sciences et littérature comme deux espaces exclusivement indépendants l'un envers l'autre ? Ou bien l'étude se limiterait-elle à observer dans le registre narratif, les récurrences terminologiques de la mécanique ou de la chimie ? Ces deux approches réductrices ne permettent pas de valoriser les actions réciproques qui placent la littérature et les sciences dans un dialogue dont on note la permanence au fil des siècles. Leurs acteurs, hommes de lettres comme scientifiques, s'intègrent à des lieux communs qu'ils font évoluer autant qu'ils y puisent les ressources nécessaires à leur création. S'ils forment, comme le souligne Anne-Gaëlle Weber[2], un « couple archétypal » inscrit dans une histoire de la culture[3], il nous intéressera de montrer la polyphonie des discours qui situent l'écrivain, comme le scientifique, dans un tout pluriel, loin d'une approche binaire.

Cette séparation des pouvoirs est également abordée par Donald R. Maxwell qui semble intervenir radicalement à l'encontre d'une possible cohésion des disciplines : « La science découvre ce qui existe déjà tandis que la littérature crée ce qui pourrait ne jamais exister[4]. » La transparence du langage scientifique affronterait l'ambiguïté métaphorique du langage littéraire. Chacun a sa légitimité et ses enjeux. Pourquoi alors les opposer ? Pourquoi priver le lecteur de la jouissance de lire « la cohabitation des langages qui travaillent côte à côte[5] » ? Cette collaboration ainsi envisagée par Roland Barthes laissera entendre une

2 Weber, Anne-Gaëlle, « Préface. Éléments pour une histoire de la séparation de sciences et de la littérature », *Belles lettres, sciences et littérature.* Études réunies par Anne-Gaëlle Weber, Épistémocritique, 2014, p. 5.

3 Voir aussi Wanlin, Nicolas, Introduction « Littérature et sciences. Deux notions ou un problème ? », *Littérature et sciences au XIXe siècle. Une anthologie*, Paris, Classiques Garnier, 2019, p. 32.

4 Maxwell, Donald R., *Science or literature ? The divergent cultures of discovery and creation*, New York, Peter Lang, 2000, p. 62 : « *Science discovers that which already exists while literature creates that which might never exist.* » (n. t)

5 Barthes, Roland, *Le plaisir du texte*, Paris, Le Seuil, coll. Points Essais, 1973, p. 10.

imbrication terminologique qui annihile la possible prédominance d'un domaine sur un autre.

Ainsi Roland Barthes ajoute-t-il à ce vœu d'écriture l'inutilité d'opposer littérature et sciences : « Le paradigme que je propose ici ne suit pas le partage des fonctions ; il ne vise pas à mettre d'un côté les savants, les chercheurs, et de l'autre les écrivains, les essayistes ; il suggère au contraire que l'écriture se retrouve partout où les mots ont de la saveur, (savoir et saveur ont la même étymologie)[6]. » *Scire* : le savoir serait-il cet espace limitrophe qui renferme l'expression plurielle sur l'homme que le savant approche comme un être temporel et social ? Certes la littérature et les sciences s'inscrivent dans deux réalités différentes qui renvoient à deux discours bien distincts, tenus en faveur de l'humain et de son analyse. La frontière ténue qui, à peine, les sépare, est marquée par l'usage de ce savoir. Production d'énoncés insérés dans une dynamique de l'énonciation, il est leur point de contact. Mais l'imaginaire sur lequel travaille l'écrivain relève-t-il d'une connaissance spécifique, *autre* ou *même* ? Flaubert, par exemple, a-t-il raison de se plaindre de n'être pas un « savant[7] » ? Autrement dit, la littérature produit-elle une réflexion sur le savoir ou en est-elle le résultat ?

Le savant renvoie d'abord à la figure de l'homme de lettres puis au scientifique[8] : le philosophe, homme de raison, le politique, homme d'engagement, précèdent l'homme d'expérience, le chercheur. Tous mènent une réflexion sur la nature de ce savoir, lequel se développe en littérature pour confirmer les résultats des investigations sur le terrain. Il n'en existe pas un modèle prédéfini, chacun assimilant un panorama de connaissances qu'il met au profit de sa vision de l'homme. Aux scientifiques revient « la manipulation du réel par la raison calculante et les processus opératoires », aux littéraires « le commentaire sur le réel et l'interprétation globalisante par la maîtrise des techniques langagières[9]. » Il serait donc inopportun de procéder à une hiérarchisation des savoirs

6 Barthes, Roland, *Leçon inaugurale de la chaire de sémiologie littéraire du Collège de France, prononcée le 7 janvier 1977*, Paris, Le Seuil, coll. « Points Essais », 1978, p. 20-21.

7 Flaubert, Gustave, *Correspondance*, édition établie, présentée et annotée par Jean Bruneau, Paris, Gallimard, Bibliothèque de la Pléiade, 1991, t. II : Lettre à Mademoiselle Leroyer de Chantepie 1er mars 1858, p. 799.

8 Alexandre-Bergues Pascale et Guérin Jean-Yves (éd.), *Savoirs et savants dans la littérature (Moyen-Âge – XXe siècle)*, Paris, Classiques Garnier, 2010.

9 Agostini Francis (dir.), *Science en bibliothèque*, Éditions du cercle de la Librairie, Paris, 1994, p. 14.

car cela placerait face à face des spécialistes qui veulent, et il est aisé de le comprendre, garder leur suprématie, rester fidèles aux fondements de leur projet et en atteindre les objectifs, qu'ils soient scientifiques ou littéraires. Si une opposition se justifie, la thèse de Roland Barthes est d'envisager sciences et lettres comme « deux régions » inévitablement reliées – et réconciliées – par le langage. Sous la plume du penseur, le sujet devient le tremplin de l'éclosion magique des savoirs.

> J'entends par « littérature » [...] la pratique d'écrire < qui > prend en charge beaucoup de savoirs [...]. Toutes les sciences sont présentes dans le monument littéraire [...]. La littérature fait tourner les savoirs, elle n'en fixe, elle n'en fétichise aucun ; elle leur donne une place indirecte, et cet indirect est précieux. D'une part, il permet de désigner des savoirs possibles – insoupçonnés, inaccomplis : la littérature travaille dans les interstices de la science [...]. La science est grossière, la vie est subtile, et c'est pour corriger cette distance que la littérature nous importe. D'autre part le savoir qu'elle mobilise n'est jamais ni entier ni dernier ; la littérature ne dit pas qu'elle sait quelque chose, mais qu'elle sait « de » quelque chose ; ou mieux : qu'elle en sait quelque chose – qu'elle en sait long sur les hommes. [...] Parce qu'elle met en scène le savoir, au lieu, simplement, de l'utiliser, elle engrène le savoir dans le rouage de la réflexivité infinie : à travers l'écriture, le savoir réfléchit sans cesse sur le savoir, selon un discours qui n'est plus épistémologique, mais dramatique[10].

Ainsi surgissent les apports de la science au bien commun de l'humain, telle l'illustration de ce qui fait la vie. La littérature, comme pratique d'écriture, utilise le savoir comme matière. Elle est la médiatrice de cette réalité palpable, l'expérience scientifique, dont elle révise le discours, dont elle affine la terminologie, et qu'elle fait peut-être évoluer vers des sphères insoupçonnées, anticipant ce que le siècle n'a pas encore concrétisé. Elle « réfléchit le savoir » au sens où elle renvoie de la science, dans un rapport spéculaire, le cœur de ses découvertes. Découvrant la magie de la salle des machines chez Émile Zola, l'œuvre visionnaire de Jules Verne, la technicité inhérente au style de Villiers de l'Isle-Adam, et au XXe siècle, les progrès de la robotique annoncés par Asimov, le lecteur pénètre dans l'univers subtile de la création. Il revient à la littérature de mettre en scène le savoir. L'écrivain dont l'imaginaire forme le ciment, viendrait à la rescousse du scientifique en raison du contenu malléable des étapes expérimentales, profitant de ses doutes et de ses

10 Barthes, Roland, *Leçon inaugurale au Collège de France*, 7 janvier 1977, *op. cit.*, p. 18-19.

erreurs, pour obéir finalement à la fermeté parfois radicale du résultat que celui-ci veut juste et définitif. La science aussi raconte une histoire, celle de l'humain aux prises avec ses désirs de progrès. La littérature se les approprie jusqu'à mettre en forme, au millimètre près, tous les rouages des possibles champs de l'expérience. Mais elle ne s'apparente pas à un « méta-texte » du discours scientifique. Par hypothèse, selon les thèses barthésiennes, si la littérature est le produit de la réflexion sur le savoir, celui est « réfléchi par » la littérature ; si elle est le produit du savoir, celui-ci « se réfléchit dans » la littérature[11].

Et si la littérature était une condition nécessaire à l'émergence de la science ? La provocation contenue dans pareille assertion laisserait-elle apparaître une part de vérité que d'aucuns auraient perçue ? La science aussi est en quête de sens et ne peut rester isolée. Son ambivalence dépend étroitement de la variété du réel. Si elle se tenait seule dans la fierté de ses découvertes, faisant fi des autres paramètres du réel, elle se fourvoierait immédiatement. Si elle n'est pas que scientifique, comme l'écrit Edgar Morin, cela laisse supposer que d'autres facteurs entrent en jeu et jouent un rôle majeur sur la scène de la recherche. Sa rationalité laisse croire à sa simplicité. Or, « complexe parce que inséparable de son contexte historique et social[12] », si la science a besoin d'un discours, elle répond à une problématique plurielle, du fait qu'elle s'inscrive dans un cadre éthique, historique, sociologique dont les paradigmes définissent la teneur de son langage : « La science a besoin, non seulement d'une pensée apte à considérer la complexité du réel, elle a besoin de cette même pensée pour considérer sa propre complexité et la complexité des problèmes qu'elle pose à l'humanité[13]. » Au milieu de ses tentatives séculaires pour donner du réel une représentation éclairante, elle se voit obligée de trouver « un principe fédérateur et organisateur du savoir[14]. » Et si ce principe était la littérature ? Non pas que se rationnalise le poète, le *Dichter* de Goethe, dans le sens où il « fabrique » lui aussi un savoir, au même titre que la prose issue de son imaginaire, mais plutôt dans le sens où un nouveau langage s'imposerait de lui-même. Il aurait

11 Marcherey, Pierre, « Science, philosophie, littérature », *Textuel*, Revue de l'UFR de Lettres de l'université Paris VII, 2000, p. 133-142.

12 Morin, Edgar, *Science avec conscience (1982)*, Paris, Seuil, Coll. Points, 1990, p. 8.

13 *Ibid.*, p. 9.

14 *Ibid.*, p. 10.

une valeur réformatrice du contenu expérimental. Là advient l'enjeu éthique. Avoir une pleine conscience de l'engagement redéfinit la valeur du travail scientifique. Son auteur doit être à même de jeter un éclairage nouveau sur sa propre production afin de mettre en jeu le poids de la connaissance qu'il a organisée. Cette autoréflexion le conduirait à un espace de travail mieux orchestré. Cela interroge foncièrement l'acteur de cette science en progrès : « la science doit renouer avec la réflexion philosophique, de même que la philosophie, dont les moulins tournent à vide faute de moudre les grains des connaissances empiriques, doit renouer avec les sciences[15]. » Sciences et lettres, un partenariat obligé ?

La question « qu'est-ce que la science » n'a précisément pas de réponse scientifique[16]. L'expérimentation donne lieu à une réflexion méta-scientifique qui ne vérifie pas l'exactitude des procédés ni ne conduit à la théorisation d'un savoir abrupt et décousu. Le lien doit être créé. Envisagerait-on que la fiction soit un espace propice à accueillir cette réflexion ? Comment la science peut-elle accepter la simulation verbale de l'expérience, l'expression de la connaissance qui étudie ? La réaction des scientifiques ne se ferait pas attendre s'il y avait une mésentente entre les disciplines. Or, depuis l'Antiquité, eux-mêmes se sont essayés à trouver les mots qui encadraient leurs découvertes, jusqu'à éprouver la tentation de parler de théories. Comparé à un iceberg qui montre la part non scientifique du projet expérimental[17], ce côté discursif des sciences prouve que l'intervention du *logos* conditionne la poursuite de leurs enjeux. Le langage ausculte les procédés employés pour illustrer les faits. Un danger subsiste : la vulgarisation voire la spéculation est une menace pour la vérité de la science. Patrice Cauderlier l'approche comme « objet de la littérature ». On est en droit de se demander si cette objectivation ne fausse pas l'entreprise littéraire : il est même erroné d'envisager que l'écrivain se livre à « l'importation et la manipulation du matériau scientifique[18] ». Le savoir-faire est plus assimilé que manipulé, et de ce fait, l'appropriation sensible et intellectuelle de données métalittéraires appartient au processus de la création. Quelles

15 *Ibid.*, p. 10.
16 *Ibid.*, p. 20.
17 *Ibid.*, p. 21.
18 D'après le titre du chapitre, *in :* Dufief-Sanchez, Véronique (dir.), *Les écrivains face au savoir*, Éditions universitaires de Dijon, 2002, p. 17-25.

sont les motivations de l'écrivain qui introduit les éléments scientifiques dans l'espace romanesque, au risque de faire glisser le narratif vers un autre type discursif? Si les savoirs se querellent pour penser le monde, l'harmonie des discours est l'expression d'une quête.

LE DISCOURS *SUR* LES SCIENCES

Le lien étroit que les sciences ont entretenu avec les initiateurs d'un discours *sur* les sciences a connu et connaît encore une évolution probante. Le Ve siècle grec voit naître les mathématiques pures (arithmétique) ou appliquées à l'astronomie, qui suscitent l'intérêt de nouveaux interprètes du monde : les philosophes. Si Platon a voulu inscrire sur le fronton de son Académie « Que nul n'entre ici s'il n'est géomètre », cela prouve que le soi-disant « miracle grec[19] » a bien marqué un départ disciplinaire réunissant sciences et philosophie autour d'un objectif commun : rechercher les causes et arguments d'un raisonnement pour conclure la validité de la démonstration. Le passage à l'écrit, deux siècles plus tard, avec l'adoption de l'alphabet phénicien, préfigure la contemporanéité du discours philosophique et du traité mathématique. L'émergence simultanée de tous ces savoirs participe au mythe de la Grèce antique, fondatrice de connaissances universelles que le savoir arabe a ensuite relayées pour développer les mathématiques, l'astronomie et la médecine. Cette convergence de vues prépare à la révolution de l'époque classique durant laquelle l'œuvre scientifique de René Descartes avec *Le Monde ou Traité de la lumière*, celle de Galilée ou de Newton, sont pensées en fonction des choix philosophiques qui gouvernent leurs réflexions. La thématique commune aux deux sphères s'oriente autour de l'infini. Jusqu'au XVIIe siècle, les savants qui faisaient usage de l'expérience étaient aussi des philosophes. Des colères de *Lancelot*[20] au bileux *Misanthrope* de Molière, les manifestations du corps renvoient au savoir médico-philosophique.

19 Dortier, Jean-François, « Y a-t-il un miracle grec ? », *Histoire et philosophie des sciences*, sous la direction de T. Lepeltier, Auxerre, Éditions Sciences humaines, 2013, p. 11-20.

20 Connochie-Bourgne, Chantal, « Lancelot et le tempérament colérique », *De la science en littérature à la science-fiction*, Jacquart, Danielle (dir.), Aubervilliers, Éditions du CTHS, 1996, p. 11-22.

Cette présence médicale en littérature illustre une connaissance qui cherche à être précise, qui veut comprendre le tempérament humain sans avoir pour cela les outils d'analyse. Peu à peu, les sciences deviennent une discipline autonome. Mais la représentation de l'univers continue de s'appuyer sur l'expérimentation jusqu'à la fin du XVIIIe siècle.

Au XIXe siècle, les sciences se spécialisent et s'élargissent aux sciences sociales et humaines. Devenant une discipline à part entière, la philosophie des sciences révèle la nécessité de théoriser chaque observation ou résultat, loin de toute perspective historique. L'élaboration d'un postulat passe par la démonstration d'une preuve que l'on veut irréfutable pour réclamer de l'expérience qu'elle reste objective. Peut-elle être précisément contredite ? Vouloir démontrer scientifiquement, en s'appuyant sur l'objectivité, peut aussi créer le désaccord : ce qui sera sûr pour l'un sera contredit par l'autre. La littérature était préparée à devenir un espace ouvert au fait scientifique mais elle en a exposé et varié toutes les modalités discursives. Dans ce grand siècle du roman, au moment même de l'émergence des sciences humaines, et sous l'influence du positivisme, comme du scientisme, le savoir scientifique, plus sûr de sa légitimité, est le garant d'un progrès collectif qui accomplirait le bonheur individuel. Les écrivains s'en servent pour accorder au récit l'épaisseur nécessaire à la description du réel : le mécanisme chez Hoffmann avec *L'Homme au sable*[21], le galvanisme chez Mary Shelley avec *Frankenstein*[22], la technicité de l'œuvre de Jules Verne qui devance les découvertes de son temps, la psychiatrie chez Guy de Maupassant avec le narrateur-personnage du *Horla*[23]. L'immixtion de la démonstration scientifique au cœur de l'espace romanesque inscrit le fait littéraire dans une autre dimension. En quoi contient-il aussi les intentions d'observation et d'analyse ? Par hypothèse la littérature ressort grandie de cette approche hybride du réel. Pourquoi alors des auteurs comme Jules Verne autrefois, et Bernard Werber aujourd'hui, sèment-ils le doute, les littéraires les considérant comme des scientifiques faisant œuvre d'écriture, et les scientifiques, comme des littéraires vulgarisant le savoir ? En considérant la frontière

21 Hoffmann, Ernst Theodor Amadeus, *L'Homme au sable (1817)*, traduction de Loève-Veimars, Paris, La Bibliothèque Gallimard, 2003.

22 Shelley, Mary, *The annotated Frankenstein*, édité par Susan L. Levao, J. Wolfson, Cambridge, Harvard Univ. Press, 2012. Traduction de l'anglais par Paul Couturiau, *Frankenstein ou le Prométhée moderne (1818)*, Paris, Gallimard, Coll. « Folio Plus », 1997.

23 Maupassant, Guy de, *Le Horla (1887)*, Paris, Livre de Poche, 1994.

commune de l'espace où « la langue *autre* de la science devient le discours *même* de la science dans une œuvre de fiction[24] », le champ imaginaire dans l'œuvre de Jules Verne, par exemple, justifie l'usage des connaissances et du *logos* scientifique. Les adeptes se demandent même s'il n'aurait pas précédé la recherche. Le discours romanesque offre le cadre d'une prise de parole, celle du savant, personnage fictif auquel l'écrivain prête son appropriation innovante des découvertes contemporaines.

L'entreprise littéraire se bâtit étape par étape, autant que la science obéit à une suite d'actions organisées. De là à parler de littérature technique ou non-technique[25], il n'y a qu'un pas que nous ne franchissons pas. Il existe une littérature offrant la rencontre des deux ensembles, lesquels se nourrissent intrinsèquement. Et même si les ressources diffèrent, les enjeux s'opposent dans un jeu d'éléments imaginaires et de faits à vérifier, le scientifique-auteur a pour but ultime de relater l'objectivité expérimentale autant qu'Émile Zola l'aurait recherchée au cours de ses enquêtes. Certes le savant dirige l'expérimentation dans la perspective d'établir un bilan et la théorie qui en résulte est « la connaissance qui résulte des observations et des expérimentations des scientifiques sur un domaine particulier de phénomènes[26]. » Or, elle reste « une mise en forme » des données objectives et de leurs résultats car une théorie dépend toujours des productions verbales qui l'expriment. L'intervention critique du chercheur falsifie le rendu de sa démarche, tandis qu'il rejette ou garde certains faits nécessaires à l'expérience, tandis que lui-même est sujet à erreur. La science pure, en dehors de tout contexte social et culturel, n'existe pas au même titre que la science impure dont il serait impropre de parler quand on sait qu'elle se nourrit de tous les ingrédients de son espace d'évolution : Edgar Morin souligne la richesse gagnée à abolir la frontière entre les disciplines, entre science et philosophie[27]. Toutes cherchent à approcher le réel, dans un souci d'objectivité, sans jamais vraiment y parvenir.

À travers cette question sur le discours comme lieu d'accueil du savoir, s'inscrit ici la distinction entre littérature de vulgarisation scientifique et littérature d'imagination scientifique.

---

24 Ponnau, Gwenhaël, « Aspects du discours fictionnel de la science », *Les réécritures littéraires des discours scientifiques*, Foucrier, Chantal (dir), Paris, Éditions Michel Houdiard, 2005, p. 298.

25 Selon Latour, Bruno, *La Science en action. Introduction à la sociologie des sciences (1989)*, Paris, La Découverte / Poche 2005, p. 88.

26 Worms, Marion, *Qu'est-ce qu'une théorie scientifique ?* Paris, Vuibert 2011, p. 1.

27 Morin, Edgar, *op. cit.*, p. 39-57.

LITTÉRATURE DE VULGARISATION SCIENTIFIQUE

La littérature de vulgarisation scientifique, un « effet de vitrine » ? Gérard Fourez[28] appuie l'idée de son enjeu socio-politique tandis que les populations restent aveuglées par l'usage des sciences à des fins intéressées. Soumise aux accusations de spéculation, la littérature de vulgarisation scientifique trouve un consensus entre littérature et sciences mais peut-on, dans ce cas, parler d'un projet littéraire, comme le propose Yves Jeanneret ? Les deux disciplines trouvent un accord, une forme de pacte narratif sans qu'aucune autorité ne s'exerce d'un champ lexical sur un autre. Et bien que la vulgarisation scientifique reste un fait marginal, elle est emblématique. Yves Jeanneret rappelle qu'elle « enrichit notre représentation du monde et affine les moyens que nous avons de le décrire, elle engendre des illusions, elle promeut des idées, elle insinue des idéologies. [...] Comme tout projet littéraire, elle tisse des usages rhétoriques et des trouvailles[29]. » Du latin *vulgare* (partager) et *vulgus* (le peuple), la vulgarisation relève de la démocratisation du savoir, d'où la complicité du fait littéraire. Depuis Fontenelle, secrétaire de l'Académie des Sciences, qui rédigeait les éloges de personnalités scientifiques pour constituer une République européenne des savants, l'homme de sciences participe au savoir universel. Au XVIIIe siècle, l'écrivain diffuse les savoirs. L'Antiquité lui avait déjà réclamé d'être un acteur principal dans la cité et d'instruire son prochain, contribuant ainsi à dessiner un horizon épistémologique. Aujourd'hui, « interroger le statut heuristique de la fiction, l'inquiétude proprement dite des écrivains dans leur rapport à la vérité[30] », implique la naissance d'une « épistémocritique » : la relation des écrivains au savoir reflète le lien établi qu'il reste à confirmer entre la littérature et la connaissance.

Avant d'être un discours, la science est donc l'espace de l'expérience. Chantal Foucrier[31] s'interroge sur la scientificité des discours littéraires

28 Fourez, Gérard, *La construction des sciences. Introduction à la philosophie et à l'éthique des sciences*, Paris, Bruxelles, De Boeck Université, 1988, p. 191.

29 D'après l'ouvrage d'Yves Jeanneret, *Écrire la science. Formes et enjeux de la vulgarisation*, Paris, PUF, 1994, p. 331 et 381.

30 Dufief-Sanchez, Véronique (dir.), « Éléments pour une épistémocritique », *Les écrivains face au savoir*, *op. cit.*, p. 5-15, p. 5 et 7.

31 Foucrier, Chantal (dir.), *op. cit.*

ainsi que sur les concepts scientifiques réutilisés par les hommes et femmes de lettres afin de conclure sur la littérarité de l'ensemble. Si par principe, la science est d'abord une pratique, la littérature doit gagner en autonomie pour trouver les mots susceptibles de reproduire l'exercice, le fait, l'expérience, l'événement. Au lieu d'être cloisonnées, littérature et sciences se conçoivent dans leur complétude et redéfinissent l'enjeu de la création littéraire tout autant que le processus expérimental. « Raconter » les sciences pourrait dénaturer la littérature, l'éloigner de son engagement premier, soit organiser l'évasion d'un imaginaire, celui de l'auteur. De la même manière, le savoir scientifique dont elle fait l'usage subit-il une métamorphose sous l'effet de son entrée dans l'irréalité de la verbalisation ? « Écrire » la science indique la nécessité de la mettre en question et interroge sur les modalités de cette écriture. Le *logos* scientifique renvoie du monde des images inédites. Ainsi considérer l'expérience comme le socle du récit implique que certains paradigmes à vocation scientifique constituent le tissu narratif dont ils bousculent inévitablement les codes mais en élargissent le cadre. Lorsque Bernard d'Espagnat défend la thèse de vouloir « penser la science[32] », soit de déterminer les enjeux du savoir, il présuppose que la littérature éclaire le sens du fait scientifique. Il s'agit aussi de comprendre, comme le font Catherine Coquio et Régis Salado, le paradoxe issu de la fiction, « *feinte* productrice de vérité[33] », et de la science qui cherche, qui étudie, avec pour seul objectif : l'exactitude. La « mise en mots » de l'expérience est le passage à un acte équivoque ouvrant sur de nombreux conflits d'interprétation. Il semble donc inadéquat de réduire la science à son domaine propre, la vulgarisation scientifique au seul rôle explicatif, et la fiction à l'unique volonté de la mettre en scène[34] : le scientifique n'est pas à placer entre l'Histoire et la fiction mais *avec* l'histoire, qu'elle soit individuelle ou collective, et *dans* le récit où il peut s'incarner et se renouveler.

S'il existe un projet littéraire, il est juste d'en parler comme d'un espace des transferts discursifs et la circulation des savoirs et des formes[35].

---

32 Espagnat, Bernard d', *Penser la science ou les enjeux du savoir*, Paris, Dunod, 1990.

33 Coquio, Catherine, Salado, Régis (dir.), *Fiction et connaissance. Essai sur le savoir à l'œuvre et l'œuvre de fiction.* Paris, L'Harmattan, 1998, p. 5.

34 Chassay, Jean-François, *Si la science m'était contée. Des savants en littérature*, Paris, Seuil, 2009.

35 Minary, Daniel (dir.), « Savoirs et littérature », I, *Annales littéraires de l'université de Franche-Comté*, 635, 1997. Doté du même titre, le collectif réuni par Jean Bessière à la Sorbonne

Échange, dialogue et réciprocité des savoirs sous-tendent la façon dont la littérature et la science dialoguent entre elles. Roland Barthes l'écrit, « il y a autant de langages qu'il y a de désirs[36]. » La variété des mondes ouvre sur le champ du vraisemblable, de l'incroyable, de l'utopique et c'est ainsi que le merveilleux *versus* l'étrange a trouvé ses auteurs les plus probants à la charnière des XVIIIe et XIXe siècles européens. L'imaginaire a finalement réussi à épanouir le projet scientifique, passant outre les frontières de sa supposée radicalité et ouvrant sur le large champ de la création. Mais l'entreprise peut prêter à confusion.

LITTÉRATURE D'IMAGINATION SCIENTIFIQUE

Le XIXe siècle concentre toutes ces interrogations autour de la « littérature d'imagination scientifique » qui épouse l'innovation technologique et, comme l'explique Daniel Fondanèche[37] :

> c'est dans le cadre de la littérature populaire qu'une partie du roman d'imagination scientifique va éclore, en s'appuyant d'une part sur les réalisations de la révolution industrielle, les nombreuses inventions du temps et d'autre part sur la spéculation, qui aide à repousser les limites de l'imaginaire[38].

L'enthousiasme avec lequel les écrivains ont saisi le savoir scientifique pour le métamorphoser au service de leur propre création, n'a pas tari. Ce savoir encyclopédique et collectif devient individuel et travaillé selon la sensibilité de l'auteur, formant ainsi la marque de son récit. Si les sciences font avancer l'intrigue, leur progrès accompagne la naissance d'une « paralittérature » à laquelle il est reproché d'« être linéaire, simpliste,

---

nouvelle en 2002 s'interroge sur les limites de la notion de savoir dans l'œuvre littéraire, pour que ladite « littérature savante » accueille le transfuge du savoir scientifique sur le socle littéraire.

36 *Leçon inaugurale*, *op. cit.*, p. 25.

37 Fondanèche, Daniel, *La littérature d'imagination scientifique*, Amsterdam, New-York, Rodopi, 2012, p. 5-8. L'auteur se réclame de Jean-Jacques Bridenne qui a créé l'expression « Littérature d'imagination scientifique » (*La littérature française d'imagination scientifique*, Paris, Dassonville, 1950) pour désigner toute production romanesque qui s'appuie sur les découvertes et inventions portées par la seconde révolution industrielle.

38 *Ibid.*, p. 8.

avec des personnages sans épaisseur psychologique et surtout rédigée dans un niveau de langue qui ne se hausse pas au-dessus du vocabulaire standard[39]. » Le roman favorise le développement de deux « paralittératures », la littérature fantastique qui, au XXe siècle, trouvera ensuite un élargissement fructueux dans la littérature de science-fiction. Si Daniel Fondanèche s'attarde sur les auteurs les plus connus tels Jules Verne et Herbert Wells, il n'en oublie pas pour autant ceux qui ont fait le succès du roman d'inspiration scientifique, comme Villiers de l'Isle-Adam avec *L'Ève future*, qui intègre « à un développement romanesque classique – même s'il lui arrive de tendre vers le rocambolesque – tout un substrat scientifique que les auteurs vont puiser dans la Révolution industrielle du XIXe siècle[40]. » La construction de l'intrigue, son avancée, les atouts stylistiques de la narration vont de pair avec l'introduction du savoir médical chez le Docteur Frankenstein, électrique et technologique pour Edison. Cette « génération artificielle[41] » que nomme Villiers de l'Isle-Adam donne naissance à des créatures virtuelles, caractéristiques de la postmodernité décadente. Avant que le progrès soit symbole de dégénérescence[42] de l'humain, il relève d'une sphère singulière où tous les espoirs reposent sur les sciences et les techniques qui, au lieu de conditionner l'être humain, doivent l'affranchir de toute servitude. Or l'industrialisation soumet l'individu à un monde qu'il avait rêvé idéal. Selon une problématique liée à l'avènement des sciences et à la façon dont les gens de lettres s'emparent du discours scientifique, le savoir tendrait-il aussi à dégrader l'humain ? Loin d'un monde utopique, les gens de lettres cherchent-ils à prouver que la contribution scientifique au fait littéraire ne crée que la dystopie ? Aussi nous envisagerons la place de la science-fiction lorsqu'elle fait croire à l'existence d'un monde parallèle sur lequel l'individu n'a aucune prise rationnelle. Cela renverrait alors à la création du monstrueux alors que le scientifique veut a priori

---

39 Fondanèche, Daniel, *Paralittératures*, Paris, Vuibert, 2005, p. 14.

40 Fondanèche, Daniel, *La littérature d'imagination scientifique*, *op. cit.*, p. 5.

41 Villiers de l'Isle-Adam, *L'Ève future (1886)*, édition présentée par Alan Raitt, Paris, Gallimard, coll. Folio Classique, 1993, p. 175.

42 Max Nordau en 1893 et Oswald Spengler avec *Le déclin de l'Occident*, en 1922, marquent l'époque d'une note pessimiste dominée par le soupçon concernant les aboutissements bénéfiques de la recherche scientifique. Le personnage du savant ne trouve plus aucun crédit aux yeux des écrivains qui n'hésitent pas à le ridiculiser. Voir Trousson, Raymond, *Sciences, techniques et utopies*, Paris, L'Harmattan, 2003, p. 153.

contribuer au progrès de l'humanité. Le passage du paradis à l'enfer[43] débouche, écrit Raymond Trousson, sur le XXe siècle « imprégné d'un pessimisme croissant à l'égard des sciences et des techniques dont on craint qu'elles dévastent le monde au lieu de le sauver[44]. » Les sciences finissent par affecter l'ordre social, au lieu de créer le bonheur des individus, comme le prouve le théâtre de Bertolt Brecht :

> Je ne crois pas que la science peut se proposer d'autre but que de soulager la fatigue de l'existence humaine ; mais si la science ouvre la voie à la coercition, elle peut s'en trouver affaiblie pour toujours. Chaque nouvelle machine ne sera que l'encouragement à de nouvelles souffrances pour l'homme. Et quand au fil du temps, tout le découvrable sera découvert, le progrès finira par s'éloigner du bien des multitudes. Pire encore, entre vous hommes de science, et l'humanité se creusera un abîme tellement grand, qu'à chacun de vos Eureka résonnera un cri d'horreur universel[45].

La science serait-elle un tremplin vers la fiction ? Dans les dernières révisions en 1945 de sa pièce *La vie de Galilée*, Bertolt Brecht décrit un Galilée post-Hiroshima. Apologie du rationalisme comme de l'esprit scientifique, cette pièce, écrite à l'origine en 1938-1939, affirme la nécessité d'une utilisation éthique de la science face au risque de mal interpréter ses découvertes. La science peut certes élucider les mystères de l'univers ou aider au progrès des hommes, mais elle ne triomphe pas toujours de ses découvertes. Le lien qu'elle entretient inévitablement avec la société et l'État fausse les enjeux du départ pour accomplir des projets plus politiques que progressistes[46].

Notre titre a donc pour but de souligner le lien puissant qui imbrique littérature et sciences. Plus qu'une appartenance, il est question d'une inclusion dont il convient de définir l'orientation et les ambiguïtés. S'il existe un malaise à les coordonner, situer les sciences *en* littérature pose la question de leur rapport à la culture et convoque autant les sciences humaines que les sciences expérimentales. Le langage reste le fil qui les relie et selon l'usage qui en est fait, il accorde au scientifique la liberté de « penser la science » tout comme à l'homme de lettres celle de se

---

43 Selon le sous-titre de l'ouvrage de Raymond Trousson, *ibid.*

44 *Ibid.*, p. 7.

45 Brecht, Bertolt, « La vie de Galilée » (*Das Leben des Galilei, 1938-1939*), *Théâtre complet*, trad. Armand Jacob et Édouard Pfrimmer, t. 4, Paris, Éditions L'Arche, 1975, p. 137.

46 Edgar Morin, *op. cit.*, p. 19.

laisser inspirer par le milieu expérimental, d'introduire son lecteur au savoir scientifique, à sa terminologie. L'intervention de l'imaginaire empêcherait une appropriation immédiate du réel. Mais la littérature *est* et reste le réel, un ensemble de sens auquel le discours et le motif scientifiques peuvent s'ajouter sans gêner la cohésion de la relation entre auteur, lecteur et personnage. La polysémie n'en est que plus vaste dans le cas de la rencontre entre les deux domaines. Il en surgit la création d'un univers, lieu commun qui traduit ici leurs affinités en même temps qu'il explore la nature intime de l'auteur. La question des origines de la création sera également à poser.

De plus, envisager une complicité de méthodes et de langages, peut-être une perspective commune, cautionne la thèse selon laquelle littérature et sciences, si elles peuvent se rencontrer, risquent de perdre ce qui les constitue fondamentalement. L'expérience scientifique ouvre-t-elle à une rhétorique ayant une telle valeur littéraire que le discours scientifique gagnerait en littérarité ? Cela sous-entendrait-il qu'en ayant recours à l'imaginaire, il puisse devenir pure spéculation ? Inversement la littérature peut-elle conduire une approche technique voire scientifique au point de perdre sa part d'inventivité ? Si la science reste synonyme du savoir, qu'en est-il de la littérature ? Le poète perdrait-il alors ce qui fait l'essence même de sa démarche : imaginer ?

Cette collaboration des sciences et de la littérature rejoint la quête de l'auteur comme de son lecteur, trouver la jouissance de créer. La figure du savant n'en est-elle pas la meilleure incarnation, à travers le médecin qui soigne voire guérit (Flaubert, Zola), ou le médecin qui donne naissance à un monstre, à la fois inattendu et espéré, autant que pour son propre enfant (Shelley) ? Si en littérature, la quête de réalisme atteint la somme des désirs mis en œuvre par l'auteur et son lecteur, les fondements scientifiques du langage devront, par hypothèse, concilier rationalité et imaginaire[47] et envisager les possibles champs d'action commune.

Notre réflexion sur l'investissement de l'espace littéraire par les sciences a donc pour enjeu de valider la légitimité des processus : la création littéraire serait *a priori* à considérer au même titre que la recherche

---

47 Roland Barthes développe l'idée selon laquelle la littérature dite « réaliste » « n'a jamais que le réel pour objet de désir » jusqu'à croire possible « le désir de l'impossible ». D'où son irréalisme. *Leçon inaugurale au Collège de France*, *op. cit.*, p. 22-23.

scientifique tant qu'il s'agit d'une reconnaissance d'un sujet (écrivain/scientifique) et de son objet de questionnement (récit/expérience) par le biais d'un média (thématique / champ d'investigation). Nous reviendrons sur la rencontre de ces deux champs de la création quand au sein du récit, l'univers scientifique a trouvé sa place, cautionné ses propres thèses et collaboré à valider la démarche de l'écrivain.

Réfléchissons donc au fait que la littérature épousant les sciences propose aussi une interprétation plus objective de l'être humain, bien que pour certains, l'appel à l'imaginaire puisse mettre en cause la rationalité du discours scientifique. Les deux discours sont en quête de vérité sur l'homme et avant de retourner sur les pas des auteurs qui ont « fait parler les sciences en littérature », rappelons-nous, avec inquiétude, l'avertissement d'Aldous Huxley :

> Acceptons avec sérénité, comme inscrit dans la nature même des choses, le fait que le langage purifié de la science et même plus riche pourtant, le langage purifié de la littérature, ne pourront jamais rendre compte complètement du donné du monde, et, de front hommes de lettres et hommes de science, enfonçons-nous de plus en plus loin dans les régions toujours plus étendues de l'inconnu[48].

Sciences *et* littérature participeraient à remodeler voire à métamorphoser l'image du savant qui, en tant que détenteur du « savoir », est inextricablement lié au rôle du scientifique, auteur d'un capital discursif issu de l'analyse expérimentale. La plausibilité de leur dialogue ne saurait être pensée sans qu'elle s'inscrive dans le cadre de la création. Est-ce ainsi que le surgissement bouillonnant de la parole qui raconte la science, de la fable qui se transmet de génération en génération, a fait naître le mythe de l'homme de sciences tout-puissant, du créateur dont le savoir s'apparente à l'intelligence divine ? Notre corpus porte sur les mythes fondateurs de l'altérité moderne, nés au XIXe siècle, parmi lesquels celui de la créature. Ses visages multiples occupent le champ de la littérature européenne, de Mary Shelley à Guy de Maupassant, de Villiers de l'Isle-Adam à Franz Kafka et Eugène Ionesco. La question de son avènement détermine son évolution : elle subit les processus de la monstruosité, du dédoublement ou de l'animalisation. Nous nous interrogerons sur la participation des sciences à l'évolution de ces motifs entre

48 Huxley, Aldous, *Littérature et science*, traduction de Jacques Hess, Paris, Plon, 1966, p. 184.

sciences expérimentales et sciences humaines. De plus, qu'en est-il de la relation du scientifique comme créateur face à sa créature, s'y opposant ou se tenant à ses côtés dans un rapport de dépendance inextricable ? Cette relation pourrait jeter un autre éclairage sur le mythe du scientifique mais également sur le processus littéraire quand le récit devient l'objet de création d'un auteur en quête de son identité de créateur. Le cheminement qui débute lors de l'observation de l'expérience et s'achève à la création du littéraire illustre la quête intime de l'écrivain.

À L'ORIGINE DE LA DIVERSITÉ DES SCIENCES

En 1873, Émile Littré approche *La science au point de vue philosophique* et s'il classe *les* sciences selon une hiérarchie depuis les mathématiques jusqu'à la sociologie, il souligne l'importance de la « saisir dans le nœud même de son évolution[1]. » Le singulier renvoie à un mode d'approche, à un éthos scientifique pendant que le pluriel spécifie la diversité des méthodes employées. S'il faut établir une sociologie des sciences, histoire, politique et psychologie fournissent des clés d'interprétation du processus scientifique bâti sur les trois étapes de la raison, l'observation et l'expérimentation[2]. Quid de l'éclairage littéraire lancé sur des siècles d'innovation et de découvertes ? Nous nommerons entreprise scientifique tout projet qui lie la pratique, l'expérimentation, la « mise en mots » de son déroulé et de ses résultats.

LE RATIONNEL AUX PORTES DE L'IMAGINAIRE

La philosophie a accompagné la pensée scientifique dès les origines, faisant de ses chercheurs des artisans de la vérité. L'usage du terme « science » n'a jamais cessé de se diversifier, montrant ainsi l'extension progressive de la discipline aux champs disciplinaires les plus divers. Un bref rappel historique montre que le fait scientifique a souvent été pris en charge par d'autres disciplines avec la rationalité pour horizon.

Alors qu'en Asie Mineure au VIIe siècle avant Jésus-Christ, Thalès, Héraclite et Pythagore font progresser les mathématiques, c'est en Grèce que les découvertes les plus avant-gardistes visent l'astronomie, la physique, la médecine et même la zoologie. L'individu cherche à se

---

1 Littré, Émile, *La science au point de vue philosophique (1873)*, Paris, Fayard, 1997, p. 7.

2 Gingrass, Yves, *Sociologie des sciences*, PUF, Que sais-je ? 2013, p. 3 et suivantes.

libérer de la peur des Dieux. Le Moyen Âge s'inscrit dans cette lignée du pouvoir divin. La théologie trouve en Thomas d'Aquin le théoricien qui conduit progressivement l'esprit vers le rationalisme. Progressivement on s'éloigne de la théologie pour adopter une conception plus moderne de la science. La Renaissance représente alors un véritable essor des connaissances grâce à l'imprimerie : la médecine se développe, la chimie et l'alchimie se séparent, tandis que l'algèbre et la trigonométrie évoluent ; en astronomie, avec la théorie héliocentriste de Copernic, les planètes sont étudiées dans leur gravitation autour du Soleil. Toutes ces sciences sont institutionnalisées. Elles trouvent leur place dans des lieux d'échange qui renforcent leur visibilité sociale, les académies savantes. Dès 1603, Galilée est nommé membre de l'Accademia dei Lincei, fondée à Rome par le Prince Federico Cesi. En 1666, l'Académie des sciences est fondée à Paris par Colbert, à la demande de René Descartes et de Blaise Pascal. Les diverses disciplines scientifiques ne subissent alors aucun cloisonnement, se mêlant à l'art et à la technique. Et c'est là que tout se joue quant au rôle prédominant des hommes de lettres dans le domaine de la science : le rationalisme jette les bases de la science moderne. René Descartes, John Locke, David Hume lui accordent une portée telle que nos connaissances ne sont dès lors considérées qu'à partir de l'expérience, soit de la relation entre nos sens et le monde extérieur. L'émergence d'une méthode d'expérimentation permet d'influer sur le monde matériel. L'homme refuse de continuer de croire ainsi en l'intervention de puissances surnaturelles et va dorénavant chercher à modifier le cours de la nature, à trouver un remède à ses maux. Dans cet esprit, la science ouvre le champ de tous les possibles pour résoudre les problèmes. Aux sciences naturelles du Grand Siècle succèdent les sciences morales, économiques et politiques de la fin du Siècle des Lumières. Alors que le siècle du roman assiste à l'arrivée des sciences expérimentales et physiques, arrêtons-nous sur ce siècle phare de l'histoire littéraire et scientifique, un siècle bouillonnant d'idées pour lesquelles les hommes s'engagent dans l'espoir de bâtir une société nouvelle où lettres et sciences ouvrent à de nouveaux modes d'interprétation du monde. Entre la fin de la publication par Buffon de son *Histoire naturelle* (1749-1804) et le premier manuel chimique moderne, *Traité élémentaire de chimie* (1789) de Lavoisier, les sciences se font littérature : le savant est aussi « l'intellectuel de science » qui théorise son savoir.

La division en disciplines date du XIXe siècle. Le positivisme d'Auguste Comte invite à comprendre dans quel cadre les œuvres ont émergé, quelle influence elles ont subie ou suscitée. La classification des sciences fondamentales à laquelle le philosophe se livre dans son *Cours de philosophie positive*[3], rappelle la place des mathématiques et de l'astronomie durant l'Antiquité grecque, de la physique au XVIIe siècle, de la chimie au XVIIIe siècle, et enfin de la biologie au XIXe siècle durant lequel la sociologie connait un véritable essor. Père du positivisme, il oppose l'état positif (ou scientifique) à l'état théologique puis métaphysique qui l'a précédé. Les méthodes employées, les résultats issus des sciences expérimentales éclairent par hypothèse les phénomènes sociaux et politiques en vue de dégager les lois qui régissent la structure et le développement des sociétés. Tout fait semble établi, les sciences physico-chimiques lancent de nouveaux défis intellectuels et sociaux, et le XIXe siècle voit émerger une abondance de discours de l'homme sur l'homme. Dans l'élan de la révolution industrielle, une discipline naît de l'association des compétences scientifiques et philosophiques : la philosophie des sciences. Le scientisme, avec Ernest Renan, ouvre les frontières d'une foi absolue en la science. Percer les secrets de la nature, la maîtriser, sont des enjeux fondés alors sur la domination de la rationalité scientifique.

Le XXe siècle ouvre la voie aux sciences humaines. On prend peu à peu conscience des dégâts engendrés par un exercice immodéré du pouvoir scientifique et la science en est même souvent diabolisée. À quoi bon remettre en cause le processus scientifique alors que les impératifs restaient et restent encore plus guidés par des intérêts économiques et politiques que par le souci de faire progresser la recherche ? Le rationalisme qui l'a fondée devait être le garant d'une adéquation du savoir aux contraintes de chaque époque mais il fut remis en question au même titre que l'entreprise progressiste du savant. La science « élucidante, enrichissante, conquérante, triomphante[4] » que vante Edgar Morin connaît d'autres aspects beaucoup plus sombres. Elle libère l'homme en même temps qu'elle l'asservit, jusqu'à l'anéantir. Dans son ambivalence, elle court le danger de se retourner contre elle-même quand à l'orée d'une multiplicité de discours, le savoir risque d'être morcelé et de ne jamais rencontrer une proche discipline qui, au lieu de potentiellement l'enrichir, agit au service de ses propres défis.

3 Comte, Auguste, *Cours de philosophie positive (1842)*, Paris, Éd. J. B. Baillière et Fils, 1869.

4 Morin, Edgar, *op. cit.*, p. 15-16.

Au gré des époques, la science a été bâtie sur des fondements complexes mettant en cause les aspects culturels, économiques, sociaux et politiques auxquels le XXe siècle a ajouté les avancées techniques. Cette complexité est indispensable à la compréhension du réel. Les discours qui l'accompagnent valorisent l'existence d'une formulation scientifique. Fernand Hallyn[5] insiste sur le « travail heuristique », soit la dynamique à travers laquelle le savoir s'édifie, étape après étape, et dont témoigne l'outil textuel : le discours s'inscrit dans un ensemble rhétorique qui rend visible les résultats de l'expérimentation. Le lien entre sciences et littérature ne peut être étudié qu'à l'aune de leurs discours respectifs. Il existe une frontière qu'il leur appartient de transgresser sans établir une hiérarchie des savoirs.

On part donc du principe que la science élimine comme cause d'un fait naturel toute intervention surnaturelle. Elle invite l'esprit à s'affranchir des explications mythologiques et religieuses ainsi que des pratiques magiques. Savoir spécifique qui s'appuie sur une méthode conceptuelle et expérimentale, elle a recours aux concepts sous-entendant les constructions intellectuelles qui dépassent les explications intuitives et spontanées. La science repose sur le principe du déterminisme matérialiste envisageant que les conditions d'apparition d'un phénomène naturel sont fixes. Loin de toute entreprise littéraire où domine la créativité spontanée, chaque science s'organiserait alors selon une systématisation radicale des idées qu'elle contient et fait fructifier, selon des preuves appuyées par l'expérience. Si d'ores et déjà l'on recherche une analogie, l'écrivain n'a rien en commun avec le scientifique qui répond à une méthode. À l'observation suivie d'une hypothèse répondent deux trajectoires de pensée : la loi générale qui s'applique à l'ensemble des phénomènes observés (induction) ; l'observation d'un cas expérimenté sous plusieurs aspects qui pourrait viser à établir les règles d'un ensemble de faits (déduction). Si le phénomène attendu est effectivement observé et ceci plusieurs fois en ayant fait varier les conditions de l'expérience, il pourra considérer que la loi est vérifiée. Quant à l'écrivain, les sources de son potentiel créateur connaissent une somme d'interprétations toutes contradictoires,

---

5 Hallyn, Fernand, *Les structures rhétoriques de la science de Kepler à Maxwell*, Paris, Le Seuil, Coll. Des Travaux, 2004 : en s'appuyant sur les découvertes de Copernic, Galilée et Kepler, Fernand Hallyn examine la façon dont le discours scientifique contient des résonances littéraires en faisant appel aux métaphores, métonymies et autres effets de style.

certaines favorisant l'action du monde extérieur, l'influence des paramètres étrangers à sa nature, là où il puise les ressorts imaginaires de sa production écrite tandis que d'autres privilégient l'analyse de la nature pulsionnelle du créateur.

L'AVÈNEMENT DES SCIENCES HUMAINES
Un enjeu pluriel

L'épistémologie définit l'étude historique et critique des sciences. Par l'abondance des discours scientifiques émergeant au XXe siècle, on n'a jamais autant approché la source vive de l'individu, sa vie intérieure pour laquelle il faut de nouveaux outils d'interprétation susceptibles d'offrir un consensus entre le souci d'exactitude et la part de créativité. Gaston Bachelard et Georges Canguilhem circonscrivent cette problématique.

Gaston Bachelard, dont l'œuvre se situe à l'intersection du rationalisme positiviste et du romantisme allemand, joue un rôle important dans l'avancée de la réflexion sur ce dilemme. Il donne naissance à « une philosophie à double visage[6] » interrogeant les rapports entre l'imaginaire et la rationalité. Sa pensée se situe à la frontière de la littérature et de l'épistémologie car, comme il l'écrit, il faut former « l'esprit scientifique[7] » de chacun afin de parer aux obstacles déjà présents dans la connaissance théorique et expérimentale. Les concepts servent par exemple à corriger l'expérience, tandis que Georges Canguilhem[8] reproche un certain manque de rigueur dans leur maniement. Celui-ci met même en garde de la réduction d'une science à sa « platitude historique », en prenant pour exemple l'histoire des sciences de la vie qui, en même temps qu'elles anticipent le savoir scientifique, seraient susceptibles de le voir se déplacer du statut de « savoir » à celui d'« idéologie ». Il pose aussi la question de l'aliénation et, en cela, interroge sur les risques pris à

6 Selon l'expression de Louisa Yousfi, « Gaston Bachelard, une philosophie à double visage », *Histoire et philosophie des sciences*, *op. cit.*, p. 157-162.

7 D'après le titre de son ouvrage *La formation de l'esprit scientifique* paru en 1938.

8 Canguilhem, Georges, *Idéologie et rationalité dans l'histoire des sciences de la vie (1977)*, Paris, Vrin, 2009.

encourager une évolution rapide des connaissances que les individus ne sauraient plus maîtriser. Les résistances qui pourraient préexister à la rationalité scientifique ne viseraient pas en fait à la contrer mais au contraire à lui trouver les éléments de complétude.

Gaston Bachelard ne manque pas de souligner les dangers de la science si celle-ci recourt à des images et à des fictions au même titre que la poétique. Aborder la science sous l'angle du discours pose la question de l'objectivité de la démarche scientifique et de son enjeu ultime : rechercher la vérité. Or dans sa « psychanalyse » de l'esprit scientifique, G. Bachelard appuie ses thèses sur les schèmes construits dans les espaces élémentaires que sont l'eau, la terre, l'air et le feu, et que la poésie entretient grâce au travail de l'imagination indispensable à la création. Seulement, l'imagination reproduit des modèles antérieurs devant lesquels la science, en revanche, ne doit pas s'incliner. La science affirme une « philosophie du non » qui s'oppose avec force aux tentations de l'imaginaire. Ces deux manières de dire le monde auraient-elles des intérêts antinomiques, nous ne le pensons pas. L'imaginaire n'est pas un seul domaine voué à la légèreté, à la frivolité de la création. Car l'imagination qui « crée en imitant », donc qui invente au lieu de reproduire, se rapproche de la rationalité exigée par les sciences. Elle est contrôlée par la raison en opposition à l'imagination libre du littéraire qui s'expose à l'arbitraire. Inversement, il est difficile de croire que le poète crée dans le désordre de ses rêves, de ses sources d'inspiration, sans être contraint lui-même.

Il convient de revenir à l'anthropologie du tournant du XXe siècle qui entend redonner priorité à l'humain. Son premier représentant, Wilhelm Dilthey, définit les « sciences de l'esprit[9] » mises au service de

9 Dilthey, Wilhelm, « Einleitung in die Geisteswissenschaften. Versuch einer Grundlegung für das Studium der Gesellschaft », *in : Gesammelte Schriften*, Göttingen, Vandenhoek & Ruprecht, 1990, 23 vol., t. 1, p. 4 : « *Das Ganze der Wissenschaften, welche die geschichtlich-gesellschaftliche Wirklichkeit zu ihrem Gegenstande haben, wird in diesem Werk unter dem Namen der Geisteswissenschaften zusammengefasst.* » Préface p. XVIII : « *Die Methode des folgenden Versuchs ist daher diese : jeden Bestandteil des gegenwärtigen abstrakten, wissenschaftlichen Denkens halte ich an die ganze Menschennatur, wie Erfahrung, Studium der Sprache und der Geschichte sie erweisen und suche ihren Zusammenhang. Und so ergibt sich : die wichtigsten Bestandteile unseres Bildes und unserer Erkenntnis der Wirklichkeit, wie eben persönliche Lebenseinheit, Außenwelt, Individuen außer uns, ihr Leben in der Zeit und ihre Wechselwirkung, sie alle können aus dieser ganzen Menschennatur erklärt werden, deren realer Prozeß am Wollen, Fühlen und Vorstellen nur seine verschiedenen Seiten hat.* » Trad. de Sylvie Mesure, « Introduction aux sciences

l'être humain : il faut, explique-t-il, se montrer attentif, et néanmoins indépendant, à l'égard de la métaphysique kantienne pour donner une interprétation rationnelle de l'individu dans la société, en accord avec le principe hégélien d'historicité. La réalité socio-historique est le seul matériau fiable pouvant contribuer à résoudre la problématique de la nature humaine. Afin d'apporter une confirmation scientifique et d'engager la collaboration des disciplines, il conviendrait, seulement ensuite, de s'appuyer sur le savoir issu d'une science fondamentale comme la biologie. Ensemble, elles forment la base de la recherche anthropologique, définie ici par Georges Gusdorf :

> Une anthropologie à la fois scientifique, historique et philosophique, serait enquête sur l'homme et recherche sur l'homme, science de l'homme et élucidation de la condition humaine. [...] À ceux qui prétendent qu'une telle discipline est irréalisable, il est aisé de répondre que les plus grands penseurs de la tradition occidentale ont été les témoins et les pionniers des sciences humaines de leur temps. Il suffirait de citer ici les noms d'un Aristote, d'un Leibniz, d'un Hume, d'un Kant ou d'un Hegel [...]. Darwin était un naturaliste, un biologiste, Marx un économiste, et Freud un neurologue et un psychiatre[10].

Savoir « lire » l'être humain en mettant en relation les aspects divers sous lesquels il apparaît dans la société, tel est l'objectif de l'anthropologie. Elle présente une variété de discours complémentaires qui permettent de saisir l'identité « plurielle » de l'homme moderne, et d'élargir l'horizon intellectuel de cette fin de siècle.

Wilhelm Dilthey, enseignant à l'université de Berlin depuis 1882, tente de réhabiliter les sciences humaines selon l'ordre philosophique :

---

de l'esprit. Pour fonder l'étude de la société et de l'histoire », *in : Critique de la raison historique*, Paris, Éditions du Cerf, 1992, p. 157 et 149 : « L'ensemble des sciences qui ont pour objet la réalité historique et sociale sera rassemblé dans cet ouvrage sous le nom de sciences de l'esprit [...]. Je rapporte chaque élément de la pensée scientifique abstraite qui existe actuellement, à la nature humaine tout entière, telle que l'expérience, l'étude de la langue et de l'histoire la révèlent, et je cherche les relations qui les unissent. Et voici ce qui en résulte : les éléments les plus importants de notre image et de notre connaissance de la réalité, comme par exemple l'unité de la vie personnelle, le monde extérieur, les individus qui existent en dehors de nous, leur vie dans le temps et leur interaction, tout cela peut être expliqué à partir de la nature humaine dans son intégralité dont le processus vital réel se réduit, dans ses divers aspects, au vouloir, à la faculté de sentir et à la représentation. »

10 Gusdorf, Georges, *Les Sciences de l'homme sont des sciences humaines*, Strasbourg, Publications de la Faculté des lettres de l'université de Strasbourg, 1967, p. 87-88.

rendre à l'être humain la place qu'il a perdue dans la société. Il sépare les sciences de l'esprit et les sciences de la nature. Les sciences humaines subjectives devraient être centrées sur une réalité humaine, sociale et historique. Leur étude implique l'interaction de l'expérience personnelle, la compréhension de l'expérience et l'empreinte de l'esprit dans l'art. Est-ce l'héritage laissé par les philosophes Arthur Schopenhauer et Frédéric Nietzsche, par Richard Wagner, ou encore par les écrivains Léon Tolstoï et Maurice Maeterlinck, qui aide à une meilleure approche de l'époque ? En 1898, Wilhelm Dilthey semble le concevoir ainsi dans « La culture de notre temps et la philosophie ». Ils sont à ses yeux les représentants d'une nouvelle génération critique, exégètes de l'expérience quotidienne à seule fin de mieux comprendre l'homme. Il reconnaît là le rôle majeur de la « philosophie de la vie » (*Lebensphilosophie)* : la vie s'exprime à travers chaque forme de la création artistique. Choisir d'étudier l'expérience vécue dans sa particularité permet de présenter l'individualisme comme le cadre où se construit le moi. Il n'existe pas de différence entre le contenu de l'expérience vécue et la façon dont elle affecte l'être humain. À partir d'une redéfinition de l'individualisme au sein d'une philosophie critique de l'histoire, W. Dilthey constate que la nature humaine ne varie pas selon l'époque. La différence entre les êtres relève davantage de l'histoire de chacun. « L'expérience de la vie » est ainsi le thème central de toute sa réflexion : l'homme, en tant qu'individualité, est le créateur de ses propres valeurs. C'est autour de l'ouvrage de Wilhelm Dilthey *L'expérience et la poésie (das Erlebnis und die Dichtung*[11]*)* que s'organise une nouvelle philosophie de la vie. La création littéraire y est conçue comme révélatrice de la structure psychique de l'écrivain. L'art, comme représentation de la vie, s'appuie sur l'expérience : l'écrivain la met au centre de son discours pour approcher au plus près la réalité.

Georg Simmel est, à l'instar de Wilhelm Dilthey, l'auteur d'une pensée orientée autour de l'enseignement issu de l'expérience et de l'individualisme de l'homme moderne qui cherche à se libérer de l'héritage schopenhauérien. Le sociologue tente d'adapter la notion d'individualisme à la société de la fin du XIXe siècle : sous le terme « d'individualisme qualitatif », il considère que le moi de l'homme du tournant du siècle

11 Paru en 1906, cet ouvrage retrace de Lessing à Hölderlin les enjeux de la création.

est créé à partir des relations avec autrui. L'individu n'est pas un être isolé dans la société ; il doit apprendre à « jouer » du profit individuel, acquis dans l'histoire collective et sociale, mais il doit éviter de se fondre dans la masse. Les relations sociales, parce qu'elles sont *a priori* conflictuelles, sont autant de chemins qui ramènent l'être à son moi. L'expérience de l'autre ou simplement de la vie, y est pour beaucoup : la vie assure la médiation entre le moi et le monde. Simmel interprète également le thème de l'expérience.

Tandis que la notion d'*Erlebnis* sert, selon Wilhelm Dilthey, à toute réflexion sur soi, entre autres à l'autobiographie, Georg Simmel oriente sa philosophie de la vie autour de la distinction qu'il est nécessaire d'établir entre « *leben* » et « *erleben* ». Le fait de vivre est, (Simmel le rappelle d'après la théorie kantienne qu'il choisit comme sujet de sa thèse d'habilitation) la manifestation de la conscience. Le « je conscient » prend aussi chez Kant la forme du *moi* devenu objet, mais il reste dépendant des « représentations » (visuelles, auditives) immédiates et (consciemment) perceptibles. D'après Georg Simmel, c'est au cours de chaque expérience que l'être humain fait l'apprentissage de lui-même. Par l'expérience, l'être humain crée, *est* lui-même son propre monde. Cette notion est enfin développée lorsque Georg Simmel établit une différence entre « *Erlebnis* » et « *Erfahrung* ». L'expérience devient l'« expérience vécue », lorsque le sujet en retire une connaissance de la vie. Tous les domaines, l'argent, le travail et la culture, sont autant de manières d'approcher la société, là où le « sujet connaissant » ne reste pas centré sur lui-même, à la recherche de ce *moi* individualiste ; il élargit, au contraire, ses possibilités d'être en contact avec le monde, de manière « indifférente ». Cet état, où l'être simule une « indifférence » vis-à-vis de lui-même, comme sujet à l'égard du *moi* objet, est contenu dans l'expérience de chacun. Dans le monde comme lieu d'enseignement, c'est l'existence concrète de l'être humain qui constitue sa véritable nature. L'on reconnaît là l'enjeu concret de la sociologie dont Georg Simmel est l'un des fondateurs en Allemagne. La lecture de l'humain nécessite des modèles intrinsèquement liés à l'histoire des sciences humaines. Michel Foucault les rappelle : « le règne du monde biologique (l'homme, sa psyché, son groupe, sa société, le langage qu'il parle [...] ; puis vient le règne du monde économique (l'homme et toute son activité sont le lieu de conflits dont ils sont à la fois l'expression plus ou moins manifeste et la solution plus ou moins réussie) ; enfin, – tout comme Sigmund Freud vient après Auguste Comte et Karl Marx – commence le règne du monde philologique (quand il s'agit d'interpréter et de découvrir le sens caché) et linguistique (quand il s'agit de structurer et de mettre au jour le système signifiant)[12]. » Ainsi « les sciences de l'homme » sont menées par l'individu comme sujet, qui peut aussi devenir un sujet empirique. Par le terme d'épistémè dans *Les Mots et les choses* (1966), Foucault propose de « saisir les transformations d'un savoir à l'intérieur à la fois du domaine général des sciences et, également, à l'intérieur du domaine en quelque sorte vertical que constitue une société, une culture, une civilisation à un moment donné[13]. » Ce terme, qu'il abandonne au bout de dix ans, nous intéresse en référence à l'époque moderne où l'homme devient objet de savoir. Les études menées sur lui empiètent sur le terrain laissé libre par la philosophie quand elle n'a pas trouvé les clés d'interprétation.

Le spectre du savoir s'élargit donc, sans écarter le facteur historique, arrière-plan indispensable à ce développement de l'épistémè. L'histoire donne « à chaque science de l'homme [...] un arrière-fond qui l'établit, lui fixe un sol et comme une patrie : elle détermine la plage culturelle – l'épisode chronologique, l'insertion géographique – et on peut reconnaître à ce savoir toute sa validité ; mais elle les cerne d'une frontière qui les limite, et ruine d'entrée de jeu leur prétention à valoir dans l'élément de l'universalité[14]. » L'homme historique est l'homme vivant, travaillant et parlant. De là part l'approche anthropologique : Michel Foucault parle du « sommeil anthropologique », entendant que le XXe siècle n'a pas plus avancé que la psychanalyse et l'ethnologie, à ses débuts, ne le laissaient espérer. Il souligne bien que l'homme, dans toute sa finitude, reste un sujet universel qui, lorsque la littérature s'en empare, est au centre d'un champ d'investigation plus large encore. Pourtant il n'existe pas le modèle d'une littérature savante. Si l'homme est un être fini, la référence à la littérature ouvre sur un large champ

12 Foucault, Michel, *Les mots et les choses. Une archéologie des sciences humaines*, Paris, Gallimard, 1966, p. 371.

13 À l'occasion d'un débat avec Noam Chomsky en 1971. Cité par Patrick Juignet, *Michel Foucault et le concept d'épistémè. Philosophie, science et société*, 2015 [en ligne] https://philosciences.com/Pss/philosophie-generale/la-philosophie-et-sa-critique/10-michel-foucault-episteme (consultée le 28/08/2017).

14 Foucault, Michel, *op. cit.*, p. 382.

d'investigation. Psychologie, sociologie revisitent le sens de la science à travers le *logos* dont l'étude serait incomplète en l'absence de l'éclairage psychanalytique.

En 1908, par l'approche de la psyché infantile, on est conduit à une meilleure compréhension de l'adulte en devenir : Sigmund Freud donne une conférence à Vienne devant un public de non-spécialistes, *Le créateur littéraire et la fantaisie*[15], dans laquelle il analyse les sources de la création ainsi que le contrat passé entre l'auteur et le lecteur, à même ou non, d'entrer dans le fantasme de l'écrivain.

Le texte littéraire (*Dichtung*), à la lumière d'une « mise en acte de l'inconscient », apparaît comme le miroir inattendu de la création et marque ainsi de son empreinte le domaine psychanalytique. Tout l'enjeu de la problématique freudienne réside dans la conjonction qui coordonne les deux champs disciplinaires que Sigmund Freud a étroitement rassemblés au service de sa compréhension de la psyché. C'est ce que Paul-Laurent Assoun, exégète de l'œuvre freudienne, se propose d'expliquer :

> Comment la psychanalyse, au moment même où elle définit son propre champ, son objet et sa méthode – étude des processus psychiques dits inconscients, à partir des acquis d'une méthode de traitement des troubles névrotiques – rencontre la littérature ou plus précisément la création littéraire[16].

Cette conjonction recouvre des enjeux épistémologiques pour une pensée clinique, c'est-à-dire une pensée du symptôme. D'où le second point :

> À quoi correspond la signification inconsciente de l'écriture littéraire en sa dimension fantasmatique-narcissique, en tant qu'elle met en acte « l'inconscient » de l'écrivain (*Dichter*) et celui du lecteur (« transfert de lecture »)? Le désir d'écriture et l'écriture du désir, en s'éclairant réciproquement, permettent une mise en relief du savoir du symptôme par l'écriture (enjeu épistémologique) et une inscription de l'inconscient dans la « lettre » (dimension historique)[17].

La dynamique contenue dans la psychanalyse met au jour la présence de l'inconscient dans le texte. Trois étapes s'ensuivent : constater comment l'effet inconscient agit ; vérifier ce que « dit » la psychanalyse et si ensuite

15 Freud, Sigmund, « Der Dichter und das Phantasieren » (1908), *Gesammelte Werke*, Francfort/Main, S. Fischer Verlag, 1941, t. 7, p. 213-223.

16 Paul-Laurent Assoun, *Littérature et psychanalyse*, Paris, Ellipses, 1996, p. 4.

17 Cours « Psychanalyse et littérature : écriture du symptôme », Paris 7-Denis Diderot, UFR de Sciences humaines et cliniques, 1995-1996.

– c'est le troisième point –, elle légitime le fait qu'un texte littéraire crée des significations inconscientes. À travers la psychanalyse, sciences humaines et littérature se lancent un défi. Chercher « l'inconscient du texte[18] » selon Jean Bellemin-Noël, c'est montrer l'inconscient à l'œuvre, celui de l'auteur comme celui du lecteur.

Sigmund Freud avance le postulat selon lequel le jeu de l'enfant est le cadre dans lequel s'inscrivent les étapes du processus créateur.

> Chaque enfant qui joue se comporte comme un poète, dans la mesure où il se crée un monde propre, ou, pour parler plus exactement, il arrange les choses de son monde suivant un ordre nouveau à sa convenance. Ce serait un tort de penser alors qu'il ne prend pas ce monde au sérieux ; au contraire, il prend son jeu très au sérieux, il y engage de grandes quantités d'affects. L'opposé du jeu n'est pas le sérieux, mais … la réalité[19].

En effet, l'enfant sépare les deux univers, réel et ludique, avec le plus grand soin, ce qui prouve qu'il ne s'amuse pas. Il arrête de jouer, l'âge l'y obligeant, et remplace le jeu initial par le fantasme qui, s'il soutient la réalité, reste le synonyme d'un désir à assouvir. Si l'écrivain est pareil à l'enfant, aux prises avec son imaginaire, son œuvre répond aussi à des codes inconscients, bien qu'elle ne puisse faire figure de simple activité ludique.

> Le créateur littéraire fait donc la même chose que l'enfant qui joue : il crée un monde de fantaisie, qu'il prend très au sérieux, c'est-à-dire qu'il dote de grandes quantités d'affect, tout en le séparant de la réalité. [...] Mais de l'irréalité du monde de la création littéraire, il résulte des conséquences très importantes pour la technique artistique, car beaucoup de choses qui, en tant que réelles, ne pourraient pas procurer de jouissance, le peuvent tout de même, prises dans le jeu de la fantaisie ; beaucoup d'émotions qui sont par elles-mêmes proprement pénibles, peuvent devenir, pour l'auditeur ou le spectateur du créateur littéraire, source de plaisir[20].

---

18 Jean Bellemin-Noël, *Vers L'inconscient du texte*, Paris, PUF, 1979.

19 Freud, Sigmund, « Der Dichter und das Phantasieren » (1908), *op. cit.*, p. 214 : « *Jedes spielende Kind benimmt sich wie ein Dichter, indem es sich eine eigene Welt erschafft oder, richtiger gesagt, die Dinge seiner Welt in eine neue, ihm gefällige Ordnung versetzt. Es wâre dann unrecht zu meinen, es nähme diese Welt nicht ernst ; im Gegenteil, es nimmt sein Spiel sehr ernst, es verwendet grosse Affektbeträge darauf. Der Gegensatz zu Spiel ist nicht Ernst, sondern – Wirklichkeit.* » Traduction de Bertrand Féron, « Le créateur littéraire et la fantaisie » (1908), *L'inquiétante étrangeté et autre essais*, Paris, Gallimard, Folio Essais, 1985, p. 29-46, p. 34.

20 *Ibid.*, p. 214 : « *Der Dichter tut nun dasselbe wie das spielende Kind ; er erschafft eine Phantasiewelt, die er sehr ernst nimmt, d. h. mit grossen Affektbeträgen ausstattet, während er sie von der*

Si la création s'inscrit à l'issue d'une transcription fantasmatique de la réalité de son auteur, peut-elle aussi répondre à un savoir-faire dont le processus est étroitement lié au réel ? Faire œuvre de fiction avec le symptôme redéfinit les paramètres de la création littéraire, comme l'énonce Paul-Laurent Assoun : « comment le *Dichter*, écrivain-poète, parvient-il à engager sa propre activité inconsciente – fantasmatique – dans sa création – et en conséquence dans son écriture –, de façon à produire des effets d'affects *(Affektwirkungen)* sur cet autre sujet qu'est son lecteur[21] ? » L'auteur vit-il ainsi une aliénation ou un soulagement à se sentir progresser vers sa vérité inconsciente, une vérité individuelle dont on dirait qu'elle est le passage du symptôme à l'écriture ?

La littérature écrit (révèle) le symptôme ou le raconte (le met en scène) dans le sens où l'écrivain tend « à scinder son moi en mois partiels, par l'effet de l'observation de soi ; et par voie de conséquence, à personnifier les courants conflictuels de sa vie psychique en plusieurs héros[22]. » Le passage de son moi narcissique au moi clivé ou démultiplié, est une phase essentielle du scénario inconscient de la création littéraire. Qu'est-ce que l'auteur a encodé dans le texte ? Qu'est-ce qui au contraire provient du décodage du lecteur ? C'est le stock des rêves éveillés qui fournit le matériau primitif de l'élaboration fantasmatique littéraire : les rêveries, l'œuvre, l'effet produit sur le lecteur. Du jeu d'enfant, ou du rêve éveillé, au fantasme, puis du fantasme à l'écriture *via* le clivage du moi, l'écrivain passe à l'acte d'écriture qui réunit à la fois son inconscient et celui de son lecteur. Autrement dit, du rêve éveillé au fantasme, avec le moi clivé en mois partiels, de la pulsion narcissique au refoulement, le scénario freudien de la création met en cause la relation de l'auteur avec ses personnages et avec son lecteur.

Par ailleurs, quelle n'est pas l'œuvre qui ne sous-tend pas la question de sa genèse ? La grille de lecture proposée par Charles Mauron dans

---

Wirklichkeit scharf sondert. [...] *Aus der Unwirklichkeit der dichterischen Welt ergeben sich aber sehr wichtige Folgen für die künstlerische Technick, denn vieles, was als real nicht Genuss bereiten könnte, kann dies doch im Spiele der Phantasie, viele an sich eigentlich peinliche Erregungen können für den Hörer und Zuschauer des Dichters zur Quelle der Lust werden.* » *Ibid.*, p. 34-35.

21 Assoun, Paul-Laurent, *Littérature et psychanalyse*, *op. cit.*, p. 4.

22 Freud, Sigmund, « Der Dichter und das Phantasieren », *op. cit.*, p. 221 : « *Der psychologische Roman verdankt im ganzen wohl seine Besonderheit der Neigung des modernen Dichters, sein Ich durch Selbstbeobachtung in Partial-Ichs zu zerspalten und demzufolge die Konfliktströmungen seines Seelenlebens in mehreren Helden zu personifizieren.* » Traduction de Bertrand Féron, *op. cit.*, p. 43.

son ouvrage *Des métaphores obsédantes au mythe personnel. Introduction à la psychocritique*[23] inaugure l'éclairage psychanalytique en littérature, à travers l'étude de motifs récurrents. Loin de cette mécanique qui, certes a le mérite de travailler sur l'implicite, il convient plutôt de retourner au texte dans sa dimension génétique, mêlant la restructuration de l'écriture dans le temps et l'entrecroisement des brouillons. À chaque écrivain correspond l'histoire individuelle de sa création. Nous verrons la façon dont Mary Shelley, dans la préface de son roman *Frankenstein ou le Prométhée moderne,* laisse apparaître les résurgences implicites de son histoire personnelle : en puisant dans ses réserves pulsionnelles, l'auteure se lance-t-elle le défi inconscient de s'auto-engendrer à travers l'écriture ? La figure du créateur trouve-t-elle ses origines dans l'histoire de sa propre création littéraire ? À cette question se joint nécessairement celle du féminin qui, dans le cas Mary Shelley, révèle la dimension traumatologique de l'acte d'écrire. La théorie freudienne en analyse le contenu fantasmé, posant le problème de l'écriture comme symptôme. Ce qui peut apparaître comme un rapport transférentiel entre l'auteur et son personnage semblera probant dans l'approche de Franz Kafka, versus Samsa, et de Villiers de l'Isle-Adam versus Lord Ewald. Le récit renvoie du créateur fictif la quête de son auteur, mais celle-ci n'est pas obligatoirement autobiographique. Les ambitions littéraires de Jules Verne s'accomplissent par exemple à l'aune du progrès technologique.

Approche rationnelle de l'esprit, clinique inextricablement liée à la biologie, la psychanalyse peut conduire à faire émerger les racines de l'écriture. Pourrait-on redéfinir ce moi inconscient, relever d'autres modalités que les mois-partiels défendus par Sigmund Freud[24] ? L'écrivain, l'artiste portent en eux la sensibilité qui les rend perméables au monde. Ils donnent naissance à l'œuvre dont la mise en forme par le verbe, la manipulation de la matière questionnent le potentiel créateur et technique.

Rien n'est finalement plus indéfinissable que le choix de la matière à travailler. La question de l'œuvre, ce qui est à créer, reste la problématique commune à toutes disciplines. Le créateur est d'abord un chercheur : « Ce qui attire l'écrivain, ce qui ébranle l'artiste, ce n'est pas directement l'œuvre, c'est sa recherche, le mouvement qui y conduit, c'est l'approche de ce qui rend l'œuvre possible : l'art, la littérature et ce que dissimulent ces deux

23 Chez José Corti, Paris, 1983.
24 *Le créateur littéraire et la fantaisie, op. cit.*

mots », écrit Maurice Blanchot[25]. L'œuvre comme espace d'expression participe à élaborer une identité d'artiste où l'intérêt de soi n'est pas central. Elle n'est qu'une suite de fragments, incluant la quête, jamais atteinte, de son achèvement. C'est le renouvellement permanent de la matière, le verbe chez l'écrivain, la couleur et la forme chez l'artiste, qui motive la trajectoire de la création. L'œuvre est une destination. Et si Blanchot s'interroge sur ce qui fait la valeur et la noblesse de la littérature comme « unité des genres[26] », il soulève aussi le paradoxe de la voir disparaître pour conforter son existence comme résultat de ce mouvement qui interroge l'artiste sur les origines de sa création, autant qu'il le conduit à affirmer l'essence même d'un art sans cesse réinventé. Déjà annoncée dans *L'espace littéraire*[27], la « solitude de l'œuvre » sous-entendrait la solitude de l'artiste. Qu'en est-il du scientifique ? Est-ce la parole qui *fait* le livre, le geste qui fabrique l'œuvre d'art, l'expérience qui fait émerger l'objet ? La création de l'écrivain, du sculpteur est-elle liée à un subtil questionnement sur le rapport entre son être et son œuvre ? La dynamique scientifique est également orientée dans la perspective de repérer l'inachevé, de lui donner forme, sans hésiter à remettre en cause le moindre résultat obtenu. Douter, c'est progresser. Le soupçon, incarné, selon Paul Ricœur[28], par les maîtres Frédéric Nietzsche, Karl Marx et Sigmund Freud, alimente l'expérience, enrichit l'élan progressiste du possible contradicteur. Les savants seraient-ils pionniers pour lancer les débats sur les sciences en pleine évolution et exprimer leur pluralité ? Si toute création est expérience, toute œuvre d'art et de littérature, en revanche, se meurt dans l'expérience achevée. Afin de ne pas être dépossédé de son œuvre à venir, le créateur doit poursuivre le combat qui, jamais, ne cède au renoncement ni au vœu d'atteindre la perfection. Cette trajectoire épouse le déterminisme du scientifique, connu pour ne jamais être satisfait du résultat obtenu. La thèse de Maurice Blanchot, lorsqu'il défend l'absence de finalité en littérature[29], montre l'errance de l'écrivain qui s'épanche sur la page : qu'en est-il du souci de vérité si, au gré du geste créateur qui fait de lui l'acteur conscient de son œuvre, il ne cesse de s'interroger sur lui-même, au risque de se déposséder

25 Blanchot, Maurice, *Le Livre à venir*, Paris, Gallimard, 1959, p. 242.

26 *Ibid.*, p. 243.

27 Blanchot, Maurice, *L'espace littéraire (1955)*, Paris, Gallimard, Coll. « Folio Essais », 2003.

28 Ricœur, Paul, *Le Conflit des interprétations, Essais d'herméneutique*, Paris, Le Seuil, Coll. « L'ordre philosophique », 1969, p. 149.

29 Blanchot, Maurice, *Le Livre à venir*, *op. cit.*

de son potentiel ? Ce que Maurice Blanchot nomme la « non-littérature » valorise à juste titre l'absence de déterminisme littéraire, s'oppose même à une classification générique des œuvres. Revenir à l'essence de ce qui *fait* l'œuvre, n'est-ce pas pour l'auteur, revenir aux sources de ce qui le fait homme ? L'oubli de l'œuvre à bâtir pour que finalement elle advienne, tel est le paradoxe auquel la création ne peut répondre.

Au regard de la place que les sciences seraient susceptibles d'occuper dans la genèse de la création littéraire, il convient de s'interroger sur la portée de la technicité du discours littéraire. Supposons que les pratiques parviennent à se coordonner, la rencontre des langages n'est pas spontanée et ne s'organise pas aisément. La création a besoin de trouver un espace commun. Il en est un qui a rassemblé à échelle variable les hommes de sciences, de lettres et les philosophes : le mythe. Avec celui du double ou de la créature artificielle, le XIXe siècle éloigne l'individu d'une réalité objective pour le placer à la frontière du déraisonnable voire de la folie. Jusqu'au XXe siècle, la figure littéraire du savant révèle la mégalomanie du projet scientifique quand il est mené au péril de l'humanité. L'espace littéraire accueille le témoignage des possibles dérives des scientifiques, en même temps que dans ce cas il opère une forme de résistance à leur quête de rationalité.

UN SAVOIR LITTÉRAIRE

Lorsqu'en 1865, Claude Bernard écrit l'*Introduction à l'étude de la médecine expérimentale*, il distingue deux catégories scientifiques :

> Dans les sciences d'observation, l'homme observe et raisonne expérimentalement, mais il n'*expérimente pas* ; et dans ce sens on pourrait dire qu'une science d'observation est une '*science passive*'. Dans les sciences d'expérimentation, l'homme observe, mais de plus il agit sur la matière, en analyse les propriétés et provoque à son profit l'apparition de phénomènes, qui sans doute se passent toujours suivant les lois naturelles, mais dans des conditions que la nature n'avait souvent pas encore réalisées[30].

30 Bernard, Claude, *Introduction à l'étude de la médecine expérimentale (1865)*, Paris, Flammarion, 2008, p. 59.

En 1866 Émile Zola utilise pour la première fois le terme « naturalisme », avec pour loi « un coin de nature vu à travers un tempérament » (*Mes haines*). Les arts et les lettres cessent de négliger une somme d'influences importantes. Alors qu'Auguste Comte rattache tout phénomène aux lois de la nature, Zola part du même principe scientiste pour le fait littéraire : les progrès portés par un XIXe siècle bouillonnant d'innovations technico-industrielles peuvent aider à mieux élaborer l'écriture, à la concevoir en accord avec le déterminisme des phénomènes étudiés. L'art se distingue de la science par la personnalité de l'artiste. Si le moi du scientifique s'efface devant sa découverte, l'artiste, au contraire, choisit la création comme cadre d'expression de son tempérament : « les écrivains naturalistes sont ceux dont la méthode d'étude serre la nature et l'humanité du plus près possible, tout en laissant, bien entendu, le tempérament particulier de l'observateur libre de se manifester comme bon lui semble[31]. » Zola jette les bases de son projet littéraire et fait prendre à sa carrière un véritable tournant :

> J'ai voulu étudier des tempéraments et non des caractères. Là est le livre entier. J'ai choisi des personnages souverainement dominés par leurs nerfs et leur sang, dépourvus de libre arbitre, entraînés à chaque acte de leur vie par les fatalités de leur chair. [...] On commence, j'espère, à comprendre que mon but a été un but scientifique avant tout[32].

L'histoire de Thérèse Raquin annonce en 1867 le grand projet zolien, soit retracer « L'Histoire naturelle et sociale d'une famille sous le Second Empire » (1871) :

> Je veux expliquer comment une famille, un petit groupe d'êtres, se comporte dans une société, en s'épanouissant pour donner naissance à dix, à vingt individus, qui paraissent, au premier coup d'œil, profondément dissemblables, mais que l'analyse montre intimement liés les uns aux autres. L'hérédité a ses lois, comme la pesanteur[33].

Zola ouvre sa fresque par ce qui deviendra les thèses fondamentales du naturalisme dans *Le Roman expérimental (1880)*. Le romancier n'est pas seulement un observateur des mœurs, il est aussi un « expérimentateur » :

---

31 Zola, Émile, *Le Naturalisme au théâtre*, Paris, Éditions Charpentier, 1881, p. 179.

32 Zola, Émile, Préface de *Thérèse Raquin (1867)*, p. 27-28. *Œuvres complètes*, publiées sous la direction d'Henri Mitterand, Paris, Éditions Le Nouveau monde, 2003.

33 Zola, Émile, Préface de *La Fortune des Rougon-Macquart (1870)*, Paris, Pléiade, 1960, vol. 1, p. 3.

> L'observateur chez lui donne les faits tels qu'il les a observés, pose le point de départ, établit le terrain solide sur lequel vont marcher les personnages et se développer les phénomènes. Puis, l'expérimentateur paraît et institue l'expérience, je veux dire fait se mouvoir les personnages dans une histoire particulière, pour y montrer que la succession des faits y sera telle que l'exige le déterminisme des phénomènes mis à l'étude. C'est presque toujours ici une expérience « pour voir » comme l'appelle Claude Bernard. Le romancier part à la recherche d'une vérité[34].

Cette vérité vise l'universel et sa quête obéit à une grille de lecture, à une « méthode » :

> En somme, toute l'opération consiste à prendre les faits dans la nature, puis à étudier les mécanismes des faits, en agissant sur eux par les modifications des circonstances et des milieux, sans jamais s'écarter des lois de la nature. Au bout, il y a la connaissance de l'homme, la connaissance scientifique, dans son action individuelle et sociale[35].

L'homme, déterminé par les « lois de l'hérédité », l'est aussi par son milieu. En suivant les règles voulues par l'exigence scientifique, Zola avance la littérature sur le terrain de l'analyse et fait émerger un savoir s'inscrivant dans un cadre de production similaire à tout projet technologique. L'élaboration de l'entreprise romanesque obéit à un cycle en mouvement, à une dynamique articulée selon une logique précise : les folios de réflexion sur *Les Rougon-Macquart* s'intitulent d'ailleurs « Notes générales sur la marche de l'œuvre ». Rédigés en 1868-1869, ils précèdent le premier roman *La Fortune des Rougon* (1871) et nous mettent en présence de la genèse de l'œuvre. L'immédiateté du style, la précision de la terminologie choisie, la technicité de l'écriture se démarquent de ce qui deviendra les notes soigneusement copiées dans les *Carnets* puis le texte romanesque :

> Comprendre chaque roman ainsi : poser d'abord un cas humain (physiologique) ; mettre en présence deux, trois puissances (tempéraments) ; établir une lutte entre ces puissances ; puis mener les personnages au dénouement par la logique de leur être particulier, une puissance absorbant l'autre ou les autres. Avoir surtout la logique de la déduction. Il est indifférent que le fait générateur soit reconnu comme absolument vrai ; ce fait sera surtout une hypothèse

34 Zola, Émile, *Le Roman expérimental (1880), Œuvres complètes*, vol. 9, Paris, Éditions Le Nouveau Monde, 2004, p. 318.

35 *Ibid.*, p. 327.

> scientifique empruntée aux traités médicaux. Mais lorsque ce fait sera posé, lorsque je l'aurai accepté comme un axiome, en déduire mathématiquement tout le volume, et être alors d'une absolue vérité[36].

La vérité littéraire n'ayant rien à voir avec la vérité scientifique, la fiction produira seulement un *effet de vérité.* L'axiome fonde certes une logique mais renvoie une impression, une vraisemblance, en dépit de l'exigence de rigueur qu'Émile Zola impose à son geste d'écrivain. La question du déterminisme réinterroge l'enjeu de la littérarité de l'écriture car si celle-ci émerge d'un fait réel et prouvé, qu'en est-il de la démarche créatrice de l'auteur-enquêteur ? Existe-t-il des lois la gouvernant ? Ce déterminisme en littérature autoriserait certes l'envol de l'imaginaire, mais aussi une spontanéité maîtrisée qui ouvrirait au large champ de la création littéraire. Zola y a aussi réfléchi : « En outre, avoir la passion. Garder dans mes livres un souffle un et fort qui, s'élevant de la première page, emporte le lecteur jusqu'à la dernière. Conserver mes nervosités[37]. » Envisager la littérature comme un savoir demanderait finalement l'établissement de règles.

La méthode strictement scientifique, demandée par les naturalistes, se rapproche des démarches liées aux sciences naturelles et fut déjà mise en œuvre par Sainte-Beuve et Hyppolite Taine au cours de la critique positiviste du fait littéraire. Sous l'influence de Comte, ils soutiennent que la race, le milieu naturel, social et politique, la temporalité déterminent une œuvre, et approuvent que l'art obéisse aux mêmes lois que la science. L'art serait parvenu au stade « positif ». Le naturalisme est mis à mal pour son approche matérialiste de l'existence, pour son attachement trop étroit au principe d'hérédité, pour l'influence de l'environnement, pour son appétence à illustrer la nature pulsionnelle de l'individu. Force est de constater l'éclairage légitime jeté sur le cadre social et culturel dans lequel chaque personnage évolue, sur l'injustice dont souvent il est victime. La précision descriptive du style zolien et le rythme enlevé de la narration renouvellent le genre romanesque. Jacques Bouveresse[38] souligne la capacité de l'auteur-observateur à s'accaparer

36 « Notes générales sur la nature de l'œuvre (1868-1869) », Paris, La Pléiade, 1967, vol. 5, p. 1742-1745, p. 1742.

37 *Ibid.*, p. 1742.

38 Bouveresse, Jacques, *La connaissance de l'écrivain. Sur la littérature, la vérité et la vie*, Paris, Agone, 2008, p. 109-114.

ses personnages, à les rendre réels jusqu'à ce qu'ils réussissent une vie autonome. À l'opposé, le scientifique reste à sa place d'observateur, tandis que l'écrivain naturaliste défend la thèse d'un déterminisme social mais la force de la littérature, même si Zola fut accusé de « naïveté scientifique », est d'user de l'expérience pour inventer un destin à des personnages bouleversés par l'existence.

Parler aussi d'« art scientifique » ou de « science de la littérature » conduit sur des pistes d'interprétation inattendues voire inappropriées. Depuis Gustave Lanson (*La Littérature et la science*, 1895) jusqu'aux études narratologiques qui envisagent les concepts scientifiques comme outils heuristiques, la littérature peut difficilement être l'objet d'études techniques posant le texte comme un système organisé de codes. Pour examiner la circulation du sens dans le texte, M. Ezquerro[39] s'appuie sur une « sémiotope », au même titre qu'une « biotope ». Est-ce le moyen de trouver un lieu commun à la littérature et à la science ? Si le discours scientifique emprunte à la littérature une culture, un mode, des outils, des moyens, est-ce que la littérature peut emprunter à la science des valeurs communes, des procédés démonstratifs et analytiques qui fassent du texte un processus auto-organisé « de l'extérieur » ? Le risque est de cloisonner la création littéraire, la capacité de l'écrivain à imaginer, à puiser en lui les ressources originelles de l'écriture. Réfléchir au littéraire sur le modèle de la réflexion scientifique ne peut que contraindre la création, reléguer l'impulsion imaginaire au second rang. L'écrivain sait-il seulement quel but il poursuit lorsqu'il s'engage dans son récit, au même titre que le chercheur vise à trouver une solution à un problème[40] ? Avec « la construction solide des masses » (les chapitres), « la logique » et « le souffle de la passion[41] » animant le récit, Émile Zola pose les jalons de son œuvre grandiose et, en 1868, analyse le geste littéraire comme le binôme gagnant réunissant un élan et une technique.

---

39 Ezquerro, Milagros, *Fragments sur le texte*, L'Harmattan, 2002.

40 Voir Acquier, Marie-Laure, « Présentation : soif de mots, désir de science. Quelques aspects de la relation entre littérature et science(s) », *Cahiers de Narratologie*, 18/2010 : « Littérature et sciences ».

41 Zola, Émile, « Notes générales sur la nature de l'œuvre », *op. cit.*, p. 1743.

DU RÉCIT MYTHIQUE AU MYTHE DU SCIENTIFIQUE

L'incursion des sciences en littérature pose l'hypothèse valorisant dans le texte le processus d'expérimentation tant pour le fond que pour sa forme. Toute subjectivité de la création serait alors bannie. Faudrait-il pour cela focaliser son attention sur des personnages en particulier, comme le savant par exemple, susceptible de valider la légitimité scientifique du récit ? Certains ont traversé les âges et depuis les origines, participé à l'élaboration des mythes. Mais littérature et mythes sont-ils faits pour s'entendre ? Selon Pierre Brunel, il existe un danger à vouloir tenir pour « vrai » le mythe originel quand il n'est que dévalorisé à force d'être sans cesse revisité[1]. Les études s'enchaînent et se rejoignent autour de la récurrence des modèles. Où le mythe trouve-t-il finalement sa source et comment survit-il en littérature ?

FONCTIONS DU MYTHE

La naissance, la disparition, l'éventuelle reviviscence d'un mythe sont des éléments importants de type anthropologique. On ne peut l'analyser sans s'interroger en effet sur la représentation que les hommes se font d'eux-mêmes et de leur relation au monde. Nous ne sommes pas loin de ce qu'on pourrait appeler une idéologie mais il n'en est fort heureusement pas question. Entre mythe et formes d'expression du mythe, les points de vue se sont opposés. Suivant les plus grands théoriciens de l'histoire des religions et de l'anthropologie structurale, le mythe a fait l'objet d'interprétations sans cesse revisitées voire controversées.

1 Brunel, Pierre, *Mythocritique. Théorie et parcours*, Paris, PUF, 1992, p. 27-37.

Rappelons-en quelques aspects en vue de mieux comprendre le passage du mythe ethno-religieux au mythe littéraire.

Mircea Eliade rappelle que dans l'acception usuelle du terme, et selon son étymologie (*muthos*), le mythe est une fable, une invention, soit un discours assimilé à la fiction tandis que dans les sociétés archaïques, il correspond à une « histoire vraie[2] ». Selon une définition plus large, le « mythe raconte une histoire sacrée ; il relate un événement qui a eu lieu dans le temps primordial, le temps fabuleux des commencements[3]. » En faire le récit actualise son scénario : décrivant l'irruption du sacré (ou du « surnaturel ») dans le monde, le mythe constitue un récit paradigmatique faisant partie intégrante du discours. Il en devient une catégorie fondamentale. Raconter le mythe, c'est raconter l'origine. Le mythe originel, dit « ethno-religieux », est récit. Contenant une vérité incontestée, il scelle le destin d'un groupe auquel il donne les fondements de sa vie sociale et culturelle. Historiens des religions, anthropologues et philosophes s'accordent à y voir « un récit fondateur, anonyme et collectif, reçu comme vrai par ceux qui le transmettent comme par ceux qui l'écoutent, et possédant une valeur universelle[4]. » Mais avant même qu'un conteur en entame la narration, le mythe existe et va se transmettre de génération en génération. Sa mémorisation participe de son inscription dans l'histoire d'une culture. Mémoire, oralité et tradition sont donc les conditions de son existence. Si l'essence même du mythe est un récit[5], il relate « un événement passé avant la création du monde ou pendant les premiers âges, en tout cas il y a longtemps », écrit Claude Lévi-Strauss[6]. Il renvoie aux civilisations, au fait qu'elles aient pu élaborer un même mythe, témoignage de la nécessité d'un modèle premier. La lecture de Claude Lévi-Strauss dégage une loi structurelle qui évite de choisir arbitrairement la meilleure de toutes les versions d'un mythe. Il explique pourquoi il peut être construit de manière répétitive, admettant la duplication d'une scène. La fonction de la répétition est de faire apparaître la structure du récit qui est en même temps la clé.

Les mythèmes, issus de la récurrence des éléments constitutifs, sont défendus, par Gilbert Durand, comme porteurs symboliques du

2 Eliade, Mircea, *Aspects du mythe*, Paris, Gallimard, Coll. « Folio Essais », 1963, p. 11.
3 *Ibid.*, p. 16.
4 Huet-Brichard, Marie-Catherine, *Littérature et mythe*, Paris, Hachette, 2001, p. 7.
5 Lévi-Strauss, Claude, *L'Anthropologie structurale*, Paris, Plon, 1958, p. 232.
6 *Ibid.*, p. 231.

sens ; ils constituent l'archéologie du mythe qui se nourrit de l'écho qu'il renvoie. Reconnaissant l'avancée fondamentale des thèses structuralistes, G. Durand réfute, citant C. Lévi-Strauss, le fait que « la même logique est à l'œuvre dans la pensée mythique et la pensée scientifique[7]. » L'étude synchronique du mythe permettrait de valoriser le fait que « l'objet du mythe est de fournir un modèle logique pour résoudre une contradiction[8]. » Il le présente comme un instrument qui permet de résoudre une question insoluble, voire comme un système d'oppositions, un réseau de contradictions réelles. Mais en faisant appel à l'imaginaire, le mythe est composé de symboles mouvants qui en font retentir la musicalité et lui donnent tout son sens. Il relève forcément de la dramatisation, soit la force des oppositions structurales. Sa survie en littérature suit la même trajectoire que le récit originel. Nourrie de l'histoire (antique – Œdipe –, biblique – Salomé/Judith), le récit fabuleux offre une intrigue extraordinaire, sujette à être remaniée, des personnages hors du commun – dieux ou héros. Le mythe survit ainsi en usant de la stratégie de l'imaginaire pour que le héros s'incarne. Comme le rappelle Philippe Sellier,

> le mythe littéraire ne fonde ni n'instaure plus rien. [...] Évidemment <il> n'est pas tenu pour vrai. [...] Logique de l'imaginaire, fermeté de l'organisation structurale, impact social et horizon métaphysique ou religieux de l'existence, voilà quelles sont les questions que l'étude du mythe invite à poser au mythe littéraire[9].

Notre question vise à mieux comprendre la façon dont le discours scientifique, une fois entré en littérature et revendiquant son souci d'objectivité et de rationalité, peut participer à la construction d'un récit non vrai. Le mythe littéraire reconduirait-il finalement le lecteur aux sources mêmes du récit, comme histoire fictive servant de grille de lecture à une réalité inextricable ?

Constituant un phénomène universel, des mythes cependant différents peuvent contenir des constantes : ils fournissent un substrat de croyances et de représentations au service d'une anthropologie culturelle. Ils sont

---

7 Durand, Gilbert, *Les structures anthropologiques de l'imaginaire (1960)*, Paris, Dunod, 1984, p. 413.

8 *Ibid.*, p. 254.

9 Sellier, Philippe, « Qu'est-ce qu'un mythe littéraire ? » *Littérature*, 1984, n° 55, p. 113-115.

ainsi un réservoir de sens des plus importants pour la littérature qui opère alors des relectures, des transpositions, comme un nouvel habillage. Leur histoire suppose l'analyse de leurs variations, mais aussi de leur invention. Les similitudes entre les mythes de diverses croyances et la production sans cesse renouvelée de mythes neufs appellent à les regarder comme des interrogations premières. Leur réinvestissement dans la création littéraire illustre l'invention de représentations nécessaires à chaque état de culture face à ces questions. Le mythe littéraire va ainsi endosser deux fonctions : maintenir des croyances et des modes de représentations, puis en créer de nouveaux. Objets de répétition et de réinvention, les mythes explorent et apprennent au lecteur à lire le monde sous une autre perspective. Dans ce désir d'évasion, la relation entre mythe et littérature se bâtit sur un paradoxe : un récit, fondateur, anonyme et collectif, rencontre un discours qui n'existe, lui, que par sa singularité. La littérature construit-elle sa légitimité dans sa rencontre avec le mythe et cela, grâce au personnage ?

HÉRITAGE EN LITTÉRATURE

Le personnage littéraire s'émancipe de l'œuvre première et voyage d'œuvre en œuvre, accordant au récit une logique récurrente. Énigmatique et archétypal, il est intégré à une série de séquences dont l'association fait sens, « un récit fermement structuré, symboliquement surdéterminé, d'inspiration métaphysique (voire sacrée) reprenant le syntagme de base d'un ou de plusieurs textes fondateurs[10]. » Le personnage ne naît pas mythe, il le devient au fil de ses apparitions parce qu'il est reçu comme tel par un public qui reconnaît en lui la représentation emblématique de ses désirs, de ses fantasmes, de ses peurs. Il est même défini par son seul caractère, devant aussi être intégré à un scénario constitué d'un nombre d'invariants déterminés qui fondent sa récurrence.

Le mythe se situe finalement en amont et en aval de la littérature, à son origine et sa fin. Il n'est pas un corps étranger, il lui est consubstantiel.

10 Siganos, André, *Le Minotaure et son mythe*, Paris, PUF 1993, p. 32.

Scénario fantasmatique qui construit une réponse à une situation problématique, il est sollicité par le discours littéraire où il s'épanouit parce qu'il relève comme lui de la représentation. Mythe et littérature ont la même relation médiatisée avec le réel : ils l'intègrent grâce aux processus de symbolisation dans un discours qui a ses lois, son organisation, et qui lui donne sens. Tous deux en proposent une lecture qui a sa cohérence et sa logique propres. Là est leur convergence : l'imaginaire d'un écrivain rencontre, dans sa reconstruction du réel, un imaginaire collectif, ancré dans les systèmes de représentation qui sont ceux d'une culture. Le texte frémit alors de résonances mythiques. Imaginons son entrée sur le terrain scientifique d'où surgissent des paradoxes. Entre fiction et réalité, entre imaginaire et rationalité, il existe une figure littéraire qui structure le texte, se soumettant aux éléments qui le constituent, aux oppositions qui le renforcent : la figure du savant.

À mi-chemin entre les hommes et les dieux, il porte en littérature de multiples visages qui expriment ses vœux de toute-puissance, de génie, de folie aussi. Le savant s'est élevé au niveau du Surhomme[11] qui détient toute la connaissance, en retire un savoir-faire fondant par conséquent une image ambigüe du savant en littérature. Il n'existe dans le fonds mythique éternel où puisent les écrivains, que deux figures du Surhomme capables de faire écho à l'homme de science : Prométhée et Satan. Par la fabrication d'une sorte d'être humain, la référence aux héros mythologiques est incontournable.

Doté de l'image rassurante d'un bienfaiteur de l'humanité, Prométhée se place au service des êtres humains qu'il a lui-même créés à partir de restes de boue devenus roches, honorant leur admiration d'un dévouement à toute épreuve. Par son étymologie grecque, il est « Le Prévoyant », le personnage mythique incarnant celui qui offre l'accès au feu sacré volé sur l'Olympe, soit la connaissance. Mais Zeus, se sentant trahi, marquera son désaccord de le voir restitué aux hommes et attribuera à Prométhée le pire des châtiments : être attaché à un rocher et, par un aigle, se faire dévorer le foie qui, une fois la nuit venue, se reconstitue. Condamner celui qui permettait aux hommes de s'instruire, n'est-ce pas là le châtiment le plus cruel que l'on puisse appliquer à celui qui cherche à défier les dieux ? En se mesurant à eux, il fait preuve d'un

---

11 Noiray, Jacques, « Figures du savant », *Romantisme*, 1998, n° 100, p. 143-158, p. 152.

singulier pouvoir qui le conduirait à s'élever au-dessus de sa condition. La littérature s'empare de tant de cruauté et bâtit un personnage de toutes pièces inventé et inspiré de cette allégorie du surhomme : l'amour du genre humain poussé au paroxysme conduit à son anéantissement. L'homme sera dépassé par les outils du pouvoir qu'il a mis en place : la créature dépassera le créateur.

Le retour à Prométhée corrobore le mythe moderne ; il est « l'inventeur des arts et métiers, [...] le héros du progrès qui rend l'homme maître de la terre, de la mer et des airs[12]. » À la fois voleur de feu et créateur de l'homme, il est dans la version grecque d'Eschyle aussi le fondateur des arts, de la civilisation et de la technologie. À la lecture du « Prométhée moderne », l'on est en droit, à travers ce sous-titre, de s'interroger sur l'orientation donnée au roman de Mary Shelley. Le démiurge Victor Frankenstein donne la vie à une créature qui, par sa force, va rapidement le défier ; désireux de diffuser son savoir, il se heurte de plus à l'incompréhension de son entourage qui mésestime ses découvertes. Mary Shelley actualise ainsi le mythe de Prométhée, le modernise dans le sens où le mythe antique devient un mythe scientifique : le créateur ne soupçonne pas les conséquences morales, sociales de sa création, et lorsqu'il se retrouvera face au problème d'éduquer sa créature, il interrogera, à travers elle, l'avenir de l'humain, objet des avancées scientifiques et sujet de toute forme d'aliénation.

L'interchangeabilité entre les personnages est telle que le nom de Docteur Frankenstein est resté, dans la mémoire collective, apparenté à la créature. Des deux, lequel est le monstre, lequel est la victime ? Maîtriser le pouvoir de la science passe obligatoirement par l'intégration sociale de ses découvertes. Or les dérives qui peuvent en surgir auraient-elle pour cause le cadre social ? Le doute subsiste : l'homme peut croire en la science si le contexte de son émergence est favorable aux conséquences qui s'ensuivront inévitablement. Le savant doit savoir en dominer le potentiel danger. C'est là que le mythe de Prométhée glisse vers une issue funeste : réanimer la matière morte est un risque qui le condamne à un châtiment, tel Faust qui a vendu son âme au diable pour connaître le secret de la vie éternelle. La fin du roman est inattendue puisque sa créature se retourne fatalement contre lui. L'appel au mythe sert à

12 Voir Albouy, Pierre, *Mythes et mythologie dans la littérature française*, Paris, Colin, 1969, p. 161.

l'auteur pour lancer un avertissement contre toute forme de dérive : la science autorise-t-elle à transgresser la finitude de la condition humaine ? Prométhée, à la fois scientifique et politique, acquiert le visage de Faust. Tout surhomme est finalement un solitaire[13], tel certains personnages verniens, Capitaine Nemo ou Professeur Aronnax, qui portent le double visage du scientifique bienfaiteur, grimaçant d'un air satanique.

LA FIGURE DU SAVANT

La figure du savant illustre le grand homme qui a abondé dans le sens de l'ordre établi par le pouvoir, suivant l'idéal encyclopédique de la Renaissance et du XVIIIe siècle, jusqu'à constituer le mythe de l'homme tout-puissant. Il est le représentant de la raison idéaliste, détenteur d'un pouvoir universel et pluridisciplinaire. Homme-travail, il est l'homme d'une seule parole conforme à la morale. Homme-monde, son savoir est grandiose. Jacques Noiray[14] retrace la généalogie littéraire du scientifique dont il relève l'importance comme mythe fondateur de la modernité, au même titre que l'artiste et le philosophe. Il souligne également que les multiples visages de cette figure littéraire permettent de distinguer les contrastes d'un siècle qui, sous l'emprise d'un positivisme puissant, voit progresser les sciences naturelles comme la biologie et la médecine. Avec l'introduction progressive des sciences dans la vie quotidienne, il apparaît clair que toute étude de l'homme contribue à son bonheur, et le savant en est l'avocat. Mais face à l'aspiration naturelle au progrès, apparaissent les obstacles posés par une époque qui transforme le savant philanthrope en un chercheur plus ambigu. L'on constate une évolution de son statut passant par une renomination terminologique : « du savant au scientifique ». De l'homme du savoir à l'homme de sciences, le savant situe la connaissance de l'homme dans le champ expérimental. Figure idéalisée et progressiste inspirée de l'idéologie positiviste et républicaine, il est, au XIXe siècle, étroitement lié à l'accession des sciences « naturelles », physiques et surtout biologiques, au stade de formes supérieures du

13 Noiray, Jacques, art. cité, p. 154.
14 *Ibid.*

savoir humain, réservé autrefois à la philosophie et aux mathématiques. La physiologie, la médecine élargissent leur champ de recherches. Elles deviennent capables de proposer des systèmes généraux d'interprétation de la nature (comme le classement des espèces de Linné et de Cuvier) et des mécanismes de la vie (Darwin). Elles semblent entrouvrir la porte au progrès. Aussi le savant va subir les effets de cette évolution.

Sa représentation en littérature est déterminante dans l'approche, la compréhension voire l'acceptation d'un personnage portant de multiples masques. Il n'est plus un être spéculatif qui s'appuie sur des études abstraites ; il est le savant moderne, l'homme d'expérimentation et d'action. Balzac l'a représenté sous les traits de Balthazar Claës dans *La Recherche de l'Absolu* (1834) : ce riche bourgeois se passionne tant pour la chimie qu'il finit par dilapider son patrimoine et négliger sa famille. Il meurt de sa passion après avoir perdu la raison, ce qui semble commun aux « intellectuels de science[15] », lesquels créent leur propre perte à force de trop de savoirs. Observateur, expérimentateur, l'homme de science est aussi un découvreur (de quelque chose qui le précède) ou bien un inventeur, voire un démiurge, qui pose la question de la place de l'individu perdu dans une réalité objective alors que son pouvoir de créateur le conduit parfois à la frontière de la folie.

Le texte littéraire offre le cadre adéquat à la représentation du fait scientifique, dans lequel le savant apparaît comme une des figures majeures de la société bourgeoise de son temps, aux grandes vertus : le goût du savoir, le sens du travail, la patience, l'esprit d'épargne sont par exemple les qualités du héros zolien, un « grand homme » fait de modestie et dévoué à l'humain. D'autre part, la représentation littéraire du savant est influencée par le souvenir de modèles plus anciens, relayés par l'imaginaire fantastique. Tantôt l'image de l'homme de sciences se réduit au type de l'original distrait ou coléreux comme chez Jules Verne, tantôt elle s'apparente à un personnage grotesque ou inquiétant, comme chez Maupassant ou Mary Shelley, au démiurge qui crée un surhomme. Ces deux figures opposées sont en réalité complémentaires. Elles expriment les ambiguïtés d'une image de la science où le savoir passe aux mains d'une puissance détenant des qualités dévastatrices. La littérature fait autant l'éloge du savant philanthrope que celui du créateur fou, et développe le mythe du scientifique.

---

15 D'après Pierre Lazslo, « Le savant fou chez Jules Verne », *De la science en littérature à la science-fiction*, *op. cit.*, p. 117-128, p. 126.

Médiateur du glissement opéré entre réalisme et fantastique puis entre fantastique et science-fiction, le savant incarne la figure du scientifique désorienté à travers les époques. Lors de son « avènement » en littérature, il exerce à la fois séduction et trouble : séducteur car il détient le savoir, il est le passeur de connaissances relatives à son domaine dans lequel il se distingue ; troublant, car il y a en lui quelque chose de merveilleux qui appelle au rêve et à l'admiration devant tant de nouveautés : les personnages de Jules Verne n'en sont-ils pas la belle illustration ? Gwenhaël Ponnau rappelle en quoi le discours littéraire fédère « les éléments tirés de la mécanique, des mathématiques, de la physique », accordant au discours une valeur d'accréditation de la réécriture scientifique[16]. Émotions, peur, angoisse envahissent la narration au gré des aventures du héros que le lecteur perçoit irrémédiablement à l'inverse du réel. L'immixtion du doute dans les représentations établies et la proximité d'un supra- ou antinaturel confirment le sentiment de la présence « extra-ordinaire » d'individus et de situations dont le lecteur ne sait quoi penser. Tzvetan Todorov[17] le rappelle, l'hésitation du lecteur est la condition même du fantastique, hésitation qui est celle d'un personnage : la part d'inconnu qui constitue l'intrigue est-elle la réalité ou le résultat d'une féconde imagination du héros ? Dès que l'on choisit l'une ou l'autre réponse, on quitte le fantastique pour le merveilleux ou l'étrange. Le fantastique n'existe qu'en référence à ces deux catégories voisines avec lesquelles il entretient des rapports complexes. Les contes de fées ne contiennent aucune surprise et ne prennent pas le lecteur au dépourvu. Le plaisir, l'absence de critique l'entraînent à appréhender un réel proche de celui de son enfance, avant qu'il ait une pleine conscience rationnelle des situations. L'étrange l'expose en revanche à devoir expliquer des événements paraissant surnaturels : sont-ils le fruit de l'inconscient, à l'instar du narrateur du *Horla* qui oscille entre rêve et folie ? Trouvent-ils finalement une explication rationnelle ?

Salvatrice ou destructrice, la science est perçue au XIXe siècle comme un domaine d'avant-garde, principalement pour ce qui est militaire. Sciences et techniques font avancer les mentalités et dans cet esprit, le savant y joue un rôle capital. Dorénavant, il faut compter avec lui, homme au génie incomparable qui joue de son visage polymorphe : de

16 Ponnau, Gwenhaël, art. cité, p. 290.

17 *Introduction à la littérature fantastique*, Seuil, 1970.

l'homme de science voulant le bonheur de l'humanité au savant fou usant des travers des individus pour les orienter vers un funeste destin.

La fonction du savant répond également à une forme de didactisme. Avec Frankenstein, il organise la fiction autour de ses explications et annonce les personnages de Jules Verne, Edison en sciences physiques et en sciences naturelles chez Villiers de l'Isle-Adam, autant que le Docteur Pascal, médecin.

LE MÉDECIN : UN GRAND HOMME

« Un roman est un miroir qui se promène sur une grande route. Tantôt il reflète à vos yeux l'azur des cieux, tantôt la fange des bourbiers de la route[18]. » Les exigences du réalisme stendhalien trouvent une résonance en la personne du savant irréprochable. Une nouvelle image de lui circule dans une époque marquée par l'optimisme positiviste. Le progrès scientifique du XIXe siècle, l'introduction de la science à l'école, sa diffusion dans la vie quotidienne contribuent à développer dans le grand public et dans la littérature la représentation d'un homme incarnant le savoir. Homme de sciences, il est le thérapeute dévoué au service public, le premier des savants à acquérir cette notoriété. Sa grandeur tient à sa capacité d'innover. Dans la lignée de l'idéal encyclopédique des Lumières, tout le roman du XIXe siècle est dominé par cette figure emblématique qui embrasse sa discipline et les activités humaines, à l'instar de Jean Charcot. Louis Pasteur, « le mage de la Salpêtrière », n'est pas seulement le célèbre découvreur du vaccin contre la rage puisqu'il s'est d'abord intéressé à la stéréochimie, aux maladies du vers à soie, au choléra des poules, à la conservation des vins et des bières. Le savant prend ainsi place à côté du poète, de l'artiste, du penseur, et participe au mythe de la modernité. Associé au progrès des sciences exactes, il est un homme d'expérimentation et d'action, et non un être spéculatif. Il devient à la fois un personnage et un mythe comme support idéologique et comme modèle imaginaire.

Le médecin, en plus d'être l'homme de sciences, est soucieux du progrès et du bonheur de chacun, le premier à acquérir la notoriété d'un « grand homme ». Si par hypothèse la littérature est une source de résistance à la rationalité scientifique, on peut affirmer qu'il participe à la possible réunion des savoirs sans être pour autant un personnage

18 Stendhal, *Le Rouge et le Noir (1830)*, Paris, Gallimard, Coll. « Folio Classique », p. 479.

hybride. De plus il conserve cette part d'humanité indispensable à établir le lien de la guérison avec son patient.

Un homme d'honneur et d'engagement chez Gustave Flaubert et Émile Zola

Avec Charles Bovary, homme d'honneur, et Pascal Rougon, homme d'engagement, le médecin est une figure incontournable de la trame romanesque. Le premier apparaît dès ses années d'études en médecine comme un professionnel timide qui ne comprend pas l'enjeu des sciences médicales. Les cours sont complétés par des séances de dissection anatomique et l'apprentissage de gestes thérapeutiques élémentaires mais suffisants pour obtenir le grade d'officier de santé. Alors qu'il est installé dans un confort professionnel qui n'est pas remis en cause, l'arrivée du fier Docteur Larivière contraste avec la discrétion de sa pratique. À la médecine de haut niveau s'oppose la médecine de second ordre, promettant un quotidien sans surprise pour un salaire médiocre. Son cabinet, sans le soin qu'il aurait dû lui apporter, laisse augurer la vie monotone qu'il offre à la jeune Emma Rouault qui croyait épouser un grand médecin. Se dévouant à ses semblables, il n'en est pas moins dépassé par ses confrères installés à Yonville. Tous les signes du savoir médical restent extérieurs, tels le *Dictionnaire des sciences médicales*, en bonne place dans sa bibliothèque, mais dont les tomes ne sont pas coupés. À la mort d'Emma Bovary ressort plus son amour que ses compétences médicales : Charles assiste, impuissant, à l'agonie de celle qu'il n'a su rendre heureuse, malgré la promesse de lui offrir une vie de bonne tenue. Il s'oppose à l'égocentrisme du Docteur Larivière, à la personnalité intéressée de Homais, peut-être davantage au fait de la chose scientifique qu'ils exercent sans humanité. Avec la personnalité effacée de Charles Bovary contraste celle du Docteur Pascal, chercheur invétéré des origines du malaise de chacun de ses patients. Tous deux s'accordent néanmoins à considérer leur prochain dans toute son humanité.

« Ah ces sciences commençantes, ces sciences où l'hypothèse balbutie et où l'imagination reste maîtresse, elles sont le domaine des poètes autant que des savants[19] ! » : lorsque Pascal Rougon se voit contraint de montrer à sa jeune nièce Clotilde l'arbre généalogique des Rougon-Macquart, il lui

19 Zola, Émile, *Docteur Pascal (1893)*, Paris, La Pléiade, 1967, vol. 5, p. 1008.

exprime sa plus profonde conviction, malgré l'ampleur de sa tâche : c'est l'hérédité qui écrira l'histoire des familles et du monde. Ultime roman qui clôt l'œuvre d'une vie, dernier volume de la fresque zolienne, *Le Docteur Pascal*, « roman de la science » publié en 1893, met en scène ce médecin solitaire dont la mission humaniste et la foi dans la recherche scientifique offrent une issue heureuse à la fatalité que représente l'hérédité familiale. Il est le personnage choisi par Zola pour porter plus haut la parole qu'il n'a cessé d'appuyer : « avec la science, on allait pénétrer le secret du monde et réaliser le parfait bonheur de l'humanité[20]. » Entre utopie et recherche d'expérimentation, le médecin, déçu de voir que la quête de la vérité ne peut aboutir sans entrave, reste néanmoins foncièrement convaincu de la légitimité des lois de l'évolution. L'arbre généalogique contient l'habile mise en abyme de l'écrivain face à son œuvre : Pascal Rougon exprime les vœux d'écriture de son auteur, dans la démesure des résultats de ses enquêtes sur le terrain que chaque personnage a patiemment incarnées. L'arbre contient la réécriture de l'entreprise zolienne, en plus de confirmer les thèses évolutionnistes. Zola s'était informé au préalable des avancées médicales qui avaient vu le jour au XIXe siècle : *L'hérédité naturelle (1868)* du docteur Prosper Lucas, *L'Hérédité dans les maladies du système nerveux* du Docteur Jules Déjerine, paru en 1886. En 1864 déjà, il avait lu Darwin dans la traduction de Clémence Royer. L'enjeu littéraire de son œuvre est lié à une vie de prospection : il entreprend de « faire de grandes machines[21] ». Et pour se distinguer de Balzac, dans l'œuvre duquel il déplore de ne voir aucun visage d'ouvrier, il s'approprie une idée alors d'avant-garde : l'hérédité.

Le discours scientifique de Pascal Rougon relève d'abord des thèses évolutionnistes qu'il découvre en allant « des gemmules de Darwin, de sa pangenèse, à la périgenèse de Haeckel, en passant par les stirpes de Galton[22]. » En introduisant dans son discours de telles avancées scientifiques, Pascal s'inscrit dans la filiation d'hommes de sciences illustres, ce qui lui donne toute sa légitimité. Il est le héros prométhéen dont l'objectif est d'améliorer le sort des hommes et ses recherches sur l'hérédité sont fondamentales à son projet :

---

20 *Ibid.*, p. 989.

21 Goncourt, Jules et Edmond, *Journal. Mémoires de la vie littéraire II, 1866-1886*, Paris, Robert Laffont, Coll. Bouquins, 1956, le 14 décembre 1868, p. 187.

22 *Docteur Pascal*, *op. cit.*, p. 946.

> Sans doute l'hérédité ne le passionnait-elle ainsi que parce qu'elle restait obscure, vaste et insondable, comme toutes les sciences balbutiantes encore, où l'imagination est maîtresse. Enfin, une longue étude qu'il avait faite sur l'hérédité de phtisie, venait de réveiller en lui la foi chancelante du médecin guérisseur, en le lançant dans l'espoir noble et fou de régénérer l'humanité[23].

Ce personnage, dont on dit qu'il est le double du romancier naturaliste, place l'hérédité dans le cadre de la théorie darwinienne de la sélection naturelle appliquée aux cellules :

> Les cellules, dans leur multiplication les unes des autres, se poussaient, se foulaient, se casaient, en déployant chacune l'effort héréditaire ; de sorte que si, pendant cette lutte, des cellules plus faibles succombaient, on voyait se produire, au résultat final, des troubles considérables, des organes totalement différents[24].

Guérisseur philanthrope, plus que médecin, il doute de la science au profit du déterminisme naturel, le seul qui puisse sauver l'être humain. La Nature se guérit elle-même. De plus, il est l'homme-travail qui croit en un labeur assidu, pour mieux répondre aux valeurs fondatrices de la société bourgeoise, ténacité, patience et économie, au contraire de l'artiste qui, trop insouciant, gaspille. Docteur Pascal, inspiré de Renan, s'exprime :

> Je crois que tout est illusion et vanité, en dehors du trésor des vérités lentement acquises et qui ne se perdront jamais plus. Je crois que la somme de ces vérités, augmentée toujours, finira par donner à l'homme un pouvoir incalculable, et la sérénité sinon le bonheur[25]…

Ainsi s'affirme une conception épargnante de la science et du savant qui prévaut à la fin du XIXe siècle. Le travail qu'il fait fructifier est au service de chacun, et non uniquement le sien. Cet éloge du travail, de l'épargne aussi, soutient une conception optimiste de la science afin de participer au bonheur de l'humanité. Mais comment le lecteur non averti des progrès faits en matière de recherches sur l'hérédité est-il apte à décrypter une terminologie aussi savante, dissimulant des thèses complexes ? Émile Zola s'y emploie dans le deuxième chapitre pour valoriser chez le docteur

23 *Ibid.*, p. 947.
24 *Ibid.*, p. 946.
25 *Ibid.*, p. 953.

Pascal la « croyance à la vie » dont l'hérédité constitue le seul instrument. Son apprentissage de la médecine l'a conduit d'étape en étape à étudier la gestation, la conception et la dissection dont la salle n'est pas sans rappeler les ambitions démiurges d'un autre médecin, Victor Frankenstein.

Le héros de Zola est arrivé au crépuscule de sa vie et, dans cette perspective, il affiche une forme de fatalisme qui fragilise son identité de médecin face à l'inévitable enjeu qu'est sa mort. Il fut toujours l'homme laborieux en quête de sentiments et de connaissances à la vérité légitimée.

> En somme, le docteur Pascal n'avait qu'une croyance, la croyance à la vie. [...] Et la vie n'avait d'autre instrument que l'hérédité, l'hérédité faisait le monde ; de sorte que, si l'on avait pu la connaître, la capter pour disposer d'elle, on aurait fait le monde à son gré. Chez lui, qui avait vu de près la maladie, la souffrance et la mort, une pitié militante de médecin s'éveillait. Ah ! ne plus être malade, ne plus souffrir, mourir le moins possible ! Son rêve aboutissait à cette pensée qu'on pourrait hâter le bonheur universel, la cité future de perfection et de félicité, en intervenant, en assurant de la santé à tous. Lorsque tous seraient sains, forts, intelligents, il n'y aurait plus qu'un peuple supérieur, infiniment sage et heureux[26].

Cette part d'humanité rejoint l'image de Charles Bovary qui passe néanmoins pour un médecin de seconde classe. Le mariage, voire la paternité, ont éteint en lui l'homme de sciences, et mis au jour sa fragilité. L'« homme-travail », à l'instar des ambitions expérimentales de Claude Bernard, observe, note et expérimente pour conduire d'interminables recherches sur l'aptitude à être et à rendre heureux. L'hérédité en est la clé de voûte. Zola place là son savoir scientifique au service du discours fictionnel. Si la science trouve des applications concrètes, elle est aussi défaillante et relayée par la nature qui apporte l'ultime solution. Avec Charles Bovary et Pascal Rougon, le scientifique apporte à son prochain certes la connaissance mais il reste vulnérable. Les vœux prométhéens de toute-puissance ne peuvent pas être exaucés. Dans sa quête de reproduire au plus près la vérité, Zola cherche à vérifier l'interaction des individus avec leur milieu et à contrôler l'évolution des tares, en perpétuel renouvellement, à travers les agissements de chacun sur son environnement. Rien ne fera obstacle à « la poussée des feuilles héréditaires[27] » qui continuera, pour le Docteur Pascal, d'attester de l'avancée du monde.

---

26 *Ibid.*, p. 947-948.
27 *Ibid.*, p. 1218.

Zola confirme à travers lui sa foi en une science liée au progrès. Face aux accusations dont il fut l'objet, celles d'un supposé quiétisme scientifique mêlant l'expérimentation et le cheminement vers Dieu, la meilleure réponse qu'il ait trouvée, a été de placer le *Docteur Pascal* comme dernier volume de sa fresque familiale. Il clôt ainsi l'entreprise de recherche liée à l'écriture des Rougon-Macquart et dans ce roman, il prend le lecteur à témoin, comme le propose Gwenhaël Ponnau, selon un effort de « scientificité concertée[28] » afin de donner raison à l'ensemble des thèses avancées sur l'hérédité. Certes scientifique, certes médecin, il est avant tout un homme en quête d'un bonheur qui romprait sa solitude. À l'instar de Charles Bovary, il s'est voué à la recherche scientifique. Cette philanthropie fut naturellement mise en œuvre auprès de sa nièce, élevée comme sa propre fille, et avec laquelle une histoire d'amour se noua passionnément jusqu'à sa mort. Tous deux ont voulu croire en un bonheur tardif et laborieux mais sans se donner les moyens de l'éclore en toute confiance.

Un homme à l'inquiétante passion chez Jules Verne et Mary Shelley

La passion de la science ou comment illustrer l'engagement du scientifique qui prend soin de ne pas défigurer l'humain, comment relater les avancées d'une époque, les devancer même tandis que le XIXe siècle se fait frileux, dans l'ignorance de l'infiniment grand comme de l'infiniment petit, telles sont les problématiques défendues dans l'œuvre de Jules Verne. Mais les avis sont partagés. Il illustrerait une prédiction scientifique[29] en même temps qu'il reprendrait les techniques déjà en cours. L'idée du sous-marin est déjà ancienne lorsqu'il conçoit le Nautilus : il « invente aveuglément selon la profondeur de sa culture », écrit Michel Serres[30]. Usant de mécanismes discursifs, au goût d'une avant-garde incarnée par des héros réfléchissant aux apports du progrès, parut-il extravagant ? Est-ce pour cette raison que ses textes occupent une place marginale dans le champ littéraire ? Le savant fut, est et reste visionnaire, personne ne le contestera. Source d'inspiration et héros sympathique ou angoissant,

28 Ponnau Gwenhaël, art. cité, p. 294.

29 Clamen, Michel, *Jules Verne et les sciences*, Paris, Belin, 2017, p. 8.

30 Serres, Michel, *Jules Verne, la science et l'homme contemporain. Conversations avec Jean-Paul Dekiss*, Paris, Éditions Le Pommier, 2003.

il a le visage pluriel de l'homme en mouvement, de l'esprit qui ose en écho à l'actualité scientifique. Le tout à présent est de mesurer la façon dont la science marque une enclave dans le discours littéraire et non une césure. Le romanesque primerait presque sur l'aspect didactique.

Faut-il rappeler que Jules Verne inaugure un genre nouveau lorsque *Cinq semaines en ballon* connaît un vif succès en 1863 ? La narration tourne autour des aventures du Victoria, ballon à hydrogène auquel il ajoute la production du gaz de sustentation par voie électrique et la régulation de sa température à la main. Fergusson et ses deux acolytes, Dick et John, ont les soucis conformes à ceux de tous les aérostiers, veillant à l'équilibre du ballon qui perd de son altitude. Et ce qui serait passé pour un roman d'anticipation est principalement un grand roman d'aventures où le héros répond à ses envies d'explorer l'Afrique. Michel Clamen n'hésite pas à reprendre l'expression de Jules Verne pour vanter ses « Romans de la Science[31] ». Est-ce un oxymore ? Ou bien une vérité qui viserait à démontrer que les postulats scientifiques en appellent aussi à l'inventivité de leurs auteurs ? La plausibilité du résultat expérimental serait remise en cause et son issue – son application auprès de l'humain – demanderait à être révisée. Le doute s'installe.

Depuis l'horlogerie dans *Maître Zacharius* en 1854 aux véhicules « tous milieux » dans *Maître du monde* en 1904, les thèmes dominants font écho aux préoccupations d'un siècle en pleine mutation technologique. La géologie (*Voyage au centre de la Terre*, 1864), le monde sous-marin (*Vingt mille lieues sous les mers*, 1869), la cosmographie et l'astronautique (*Autour de la Lune*, 1870 ou *Hector Servadac*, 1877), puis l'électricité, découverte incontournable du XIXe siècle qui autorise toutes les autres innovations, s'ajoutent au traitement des techniques industrielles (*L'île mystérieuse*, 1874), aux transports, à l'urbanisme, ...parmi les soixante-dix-sept romans des *Voyages extraordinaires*, dix mettent en scène des véhicules aux performances inédites : ballons à hydrogène donc, obus, sous-marins, planeurs, relèvent de domaines où règnent en maîtres les ingénieurs, héros d'une nouvelle ère qui privilégie la machine. Autant l'homme en a besoin pour assurer la réussite de ses ambitions, autant il redoute de se laisser dominer par elle. La science est déjà perçue comme une menace pour l'humanité, mais Jules Verne – et en cela, il est un écrivain – inscrit la terminologie scientifique dans un espace littéraire

---

31 Clamen, Michel, *op. cit.*, p. 11.

novateur qui illustre la création d'un monde idéal. L'étrangeté de *L'île mystérieuse* réside précisément dans l'émergence d'un monde nouveau où l'industrie occupe une place dominante. Du roman scientifique, on passe à une « fable mythologique[32] ». Les voyages scientifiques auxquels le lecteur est convié lui offrent un envol dans un imaginaire unique servi pas la science. Les découvertes technologiques sont un matériau qui cimente un récit en apparence didactique, mais foncièrement littéraire. Cette thèse est discutable. L'obsession de Jules Verne restera la science et le futur, et bien que l'on croie à une forme de naïveté scientifique, il accomplit un travail minutieux et pointu qui le place parmi les fondateurs du roman d'anticipation (puisque la science y est dominante). Il innove et prouve que le siècle peut, plus encore, réaliser des performances inédites. La littérature anticipe sur le réalisable, au point que la frontière de l'impossible est rapidement franchie. Le lecteur a tôt fait de tomber dans la fiction, dans la pure imagination à laquelle il nous convie et nous emmène avec force au gré d'un impressionnant registre descriptif.

Jules Verne est également visionnaire et moderne dans le sens où il a capté les avancées scientifiques et technologiques de son temps. La transcription littéraire de l'expérience use d'outils narratologiques inévitablement issus de son imaginaire puissant. Son discours scientifique s'approcherait même de situations absolument invraisemblables, frisant la fantaisie d'où la science-fiction tirera sa gloire. Même irréalisable, l'expérience technologique d'Hector Servadac par exemple, s'enclave dans le discours romanesque et devient partie intégrante du *logos* littéraire.

La figure du scientifique renvoie à celui qui harmonise, qui réconcilie aussi les antagonismes. En effet, la variété des descriptions ne garantit pas toujours la validité de l'information, non qu'elle soit erronée car non fondée sur l'expérience, mais envisagée plutôt comme l'espace littéraire de l'avancée technologique, fruit de l'inventivité d'un auteur somme toute génial. Son génie réside précisément en la rencontre de deux discours. L'expression « Roman de la Science » laisse apparaître une inexactitude importante : cela signifierait-il que le discours expérimental est à la source, telle la matière d'une toile imaginaire parsemée de héros inconcevables au quotidien ? Chacun se range dans un compartiment thématique, depuis le voyage dans les contrées les plus impossibles de

32 Vierne, Simone, « Puissance de l'imaginaire », *L'Herne*, Cahier Jules Verne, 1974, réédité en 1998, p. 153.

l'espace à la conquête des fonds sous-marins : le Capitaine Nemo est le personnage emblématique du roman *Vingt mille Lieues sous les mers* (1869-1870). Homme froid, distant, intelligent, autrefois ingénieur de profession, il déteste le genre humain pour des raisons qui lui sont propres. Le bonheur procuré par la vie est, d'après lui, uniquement présent dans la mer qui recèle nourriture et énergies. Pour échapper à la « vie sur terre », rongée par les vices de l'Homme, il décide avec des amis ingénieurs de mettre au point le sous-marin Nautilus qui représente sa réussite loin de la futilité des hommes. Sa mort à la fin du roman, le possible naufrage du Nautilus, interrogent sur l'avènement de la science, ses élans et ses pertes.

Le discours savant de J. Verne est également construit sur le détail expérimental et plus encore sur la créativité du héros. Verne n'est pas qu'un auteur scientifique à qui l'écriture a offert un champ d'expression anticipatrice. S'il existe une stratégie narrative[33] inhérente à chaque roman, il est surtout question de savoir si l'expérience racontée fonde le récit, dans le sens où la part d'inventivité dominerait le technique. Michel Clamen observe le juste milieu : « le romanesque garde ses droits et, une fois énoncées des prévisions surprenantes de justesse, la vision scientifique laisse toute sa place à la bonhomie fantasque dont notre auteur est coutumier[34]. » C'est une thèse également soutenue par Jacques Noiray[35], lequel met d'abord l'accent sur la fonction du « romancier documentariste », forcément inscrit dans une démarche d'enquête et d'apprentissage du savoir à ses propres fins. L'étape suivante porte sur l'effort de vulgarisation de ses connaissances afin de les inscrire dans le récit. À la lumière de la relation du Capitaine Nemo avec le Professeur Aronnax, il apparaît que la transmission du savoir s'organise par le biais de l'exposé scientifique et du dialogue didactique. Dans le premier cas, l'énumération, pour qu'elle ne devienne pas une accumulation intempestive de termes jargonneux, est enrichie d'adjectifs et de jeux des sonorités à l'aide de fines allitérations ; dans le second, Jules Verne recherche l'adhésion du lecteur au même titre que les personnages

---

33 Ponnau, Gwenhäel, art. cité.

34 Clamen, Michel, *op. cit.*, p. 21.

35 Noiray, Jacques, L'inscription de la science dans le texte littéraire. L'exemple de Vingt mille lieues sous les mers, in : *Jules Verne ou les inventions romanesques*, sous la direction de Christophe Reffait et Alain Schaffner, Centre d'étude du roman et du romanesque de l'université de Picardie-Jules Verne, Encrage université, 2007, p. 29-50.

investis dans leurs projets de construction scientifique. Son « écriture de la science » est, d'après le critique[36], la seule à avoir réussi l'union de la rhétorique classique et le résultat des plus récentes découvertes.

La plongée dans la scientificité du discours se fait à l'insu du lecteur qu'un afflux de vocabulaire scientifique immerge dans un univers le plus souvent fantasque. Cette marque de fabrique typiquement vernienne a fait la gloire de son auteur, et en même temps l'objet de nombreuses incompréhensions. La figure du savant préfigure pourtant les futurs ingénieurs, mécaniciens et revisite la fonction de figures traditionnelles telles celle du médecin. En cela, il semble justifié de lire « les romans de la science » comme une étape de la genèse de la recherche scientifique faisant du XIXe siècle celui de toutes les réalisations possibles, préexistant à l'expérience menée par les scientifiques du XXe siècle. Notre thèse serait de montrer en quoi la créativité romanesque de Jules Verne l'inscrit aussi parmi les auteurs de ce fabuleux siècle du roman : le héros vernien porte à lui seul le poids marginal de l'invention, la carrure du scientifique qui dérange. Le médecin est-il l'une des figures les plus probantes pour inquiéter de la sorte le lecteur ? À l'instar du Docteur Ox, dans *Une Fantaisie du Docteur Ox* (1872), ou le Docteur Sarrasin, dans *Les 500 millions de la Bégum*, il opère ce glissement de la technicité à la recherche éloignée des enjeux scientifiques. Docteur Ox, également chimiste, va s'employer à manipuler les habitants d'une bourgade flamande en leur faisant croire que l'éclairage des rues peut être assuré au moyen du nouveau et révolutionnaire « gaz oxy-hydrique ». En vérité il s'emploie à réviser l'oxygénation de l'atmosphère. La question des molécules comme composantes de l'air que cette tranquille population respire, se situe au centre d'un récit inquiétant. Le caractère de chacun, ses qualités, ses valeurs, tout dépendrait en fait de ce qu'il absorbe.

L'approche du réel est doublé chez Jules Verne d'un savoir scientifique adoptant aussi une fonction poétique, malgré l'aspect formel du langage. Sans rupture, les chiffres, les termes techniques s'insèrent dans la narration. Au cadre correspond une catégorie lexicale : il analyse par exemple la présence d'éléments géographiques en amont des descriptions, les noms d'animaux ou de bactéries énumérés tels un bilan de la recherche, la physique et la chimie étayent les épisodes où l'action s'accélère. L'importance de ces références tient au rythme de la stratégie

36 *Ibid.*, p. 49.

romanesque. Elles oscillent entre la vérité du réel et la fiction du texte imaginé. Le réel fictionnalisé, dont parle Daniel Compère[37] ne serait, suivant Gérard Genette[38], possible qu'à partir d'un réel devenu fictif dès qu'il intègre cette sphère de l'imaginaire. Le scientifique en est le garant, il se tient aux avant-gardes de l'innovation. Il appréhende en effet le monde au gré de ses ambitions, cherchant à les accomplir dans toute leur démesure. Il faut « faire parler la science », en communiquer les codes s'ils sont destinés au remplacement d'un modèle humain et possiblement défaillant. L'intérêt hégémonique est délaissé au profit du projet de modifier l'individu, loin de toute idée de progrès, et ayant pour ambition de provoquer l'inquiétude voire la peur du lecteur. La dimension effrayante de l'œuvre vernienne existe bel et bien, caractérisée par la « fantasticité » du langage où interviennent, entre les rêves et le savoir, descriptions et figures, techniques et machines, paysages et mécanismes. Denis Mellier[39] défend l'idée d'un texte inaccessible qui fabrique « l'illusion de proxémie », et valorise en même temps la modernité romanesque de Jules Verne. Cela prouve finalement le caractère unique d'une œuvre ayant réussi à inscrire les sciences en littérature, à la fois sources d'inspiration thématique et d'innovation stylistique, et dérangeant par là même les publics de toutes les époques, peu habitués au mélange des genres ou peu enclins à cette audace littéraire. Force est de reconnaître que le texte vernien, en plus de remplir les conditions du récit d'aventures, suscite, par sa différence, un sentiment d'étrangeté.

Qu'advient-il de la personnalité souvent exceptionnelle du savant s'il donne naissance à une créature hors normes ? C'est le cas du Docteur Frankenstein, héros du roman de Mary Shelley en 1818.

Il n'y a alors pas de projet littéraire plus révolutionnaire que celui d'une jeune fille de dix-huit ans : Victor Frankenstein, médecin de formation. Mary Shelley (1797-1851), épouse de Percy Shelley, lui donne une vie littéraire par un soir d'orage au bord du lac Léman, dans la demeure de Lord Byron. Qui ne connaît pas Frankenstein, jusqu'à confondre la créature et son créateur ? Dans un laboratoire rempli de cadavres et de machines diverses, le médecin est aux prises des outils et bobines

---

37 Compère, Daniel, « Le jeu avec les références scientifiques dans les romans de Jules Verne », *De la science en littérature à la science-fiction*, *op. cit.*, p. 137-145.

38 Genette, Gérard, *Fiction et diction*, Paris, Le Seuil, 1991, p. 36-37.

39 Mellier, Denis, « La question du fantastique chez Jules Verne », *Jules Verne ou les inventions romanesques*, *op. cit.*, p. 379-394.

avec lesquels il projette de coudre un personnage inquiétant. Il renvoie l'image d'un savant obsessionnel, n'hésitant pas à user de méthodes si anticonformistes que le lecteur, dès l'entrée dans le roman, se demande si ce médecin n'est pas motivé par la vengeance. Il incarne, dès le début du XIXe siècle, le savant arguant de thèses scientifiques qui conduiront d'après lui au progrès des humains :

> Peut-être parviendrait-on un jour à ranimer un cadavre ? Le galvanisme portait à y croire. Peut-être serait-il possible de fabriquer les différentes parties d'un être, de les assembler et de leur insuffler la chaleur vitale[40].

À l'aide d'une terminologie expérimentale, doublée d'un discours aux accents philosophiques, nous pénétrons dans une sphère nouvelle fêtée par les manipulations scientifiques. Les courants de pensée de l'Angleterre des Lumières recherchent la souche même de l'expérience scientifique où l'électricité va prendre toute sa place. La première est attribuée à Erasmus Darwin, grand-père de Charles, médecin, poète et philosophe rationaliste. De même, comment ne pas être étonné par l'aptitude à vaincre la mort, à conduire l'humain au-delà de l'objectif mortel auquel il est destiné : être ranimé ? Faire revivre un tissu mort en lui appliquant des chocs électriques, telle est la loi du galvanisme voulue par Luigi Galvani (1737-1798). Ce sera le point de rencontre entre Mary Shelley et Villiers de l'Isle-Adam : l'Italien découvre en 1791 que les muscles d'une grenouille se contractent au contact de deux métaux. Ils seraient remplis d'« électricité animale », thèse aussitôt contredite par son compatriote Alessandro Volta, lequel aurait finalement affirmé que deux métaux n'ont pas besoin d'entrer en contact avec un tissu vivant pour produire de l'électricité. Ainsi naissait la pile. L'électricité, synonyme de toute-puissance, apparaît au croisement de nombreuses inventions. Elle est la science qui se lierait au biologique pour faire évoluer tout le potentiel de l'individu. De là à faire de l'individu un être surpuissant sur terre, il y a une différence. Or, les héros de Mary Shelley se partagent la vedette : entre le créateur et sa créature, le roman interroge sur la dualité entre l'héroïsme du premier et la réussite de la seconde. En effet, les

---

40 Shelley, Mary, *The annotated Frankenstein*, *op. cit.*, p. 336 : « *Perhaps a corpse would be re-animated; galvanism had given token of such things : perhaps the component parts of a creature might be manufactured, brought together, and endued with vital warmth.* » Traduction de Paul Couturiau, *op. cit.*, p. 12.

progrès de la science doivent participer à améliorer le sort de l'individu. Insuffler la vie à une matière morte pourrait conduire à d'insoupçonnés progrès médicaux. Mais l'ambition du créateur dépasse la norme de la bienséance, car Docteur Frankenstein se retrouve confronté à la demande de sa créature : obtenir l'intelligence de l'être éduqué.

Le transfert des émotions d'une jeune femme inexpérimentée touche le domaine public de la philosophie et de la science, et participe à la tradition littéraire : elle donne une tension telle au texte que le mythe scientifique s'en retrouve renforcé, jusqu'à la réalisation inattendue de singuliers projets. Si le médecin cherche à être un grand homme, il fait bouger les lignes du raisonnable et pousse à l'extrême la pratique de sa discipline. Le savant doit être un scientifique à la hauteur de l'éthique qui lui incombe. Son titre de docteur ou de professeur lui octroie la position sociale dont il peut abuser s'il n'obéit pas aux règles que lui ordonne sa profession, et les conséquences peuvent être terriblement destructrices. En raison de son savoir, il se sent investi d'un surcroît de puissance qui trouble les contours de son image. Personnage ambigu, il prolonge son savoir scientifique par des moyens techniques dont il vise et dirige l'exacte application dans le monde réel.

Docteur Frankenstein s'enferme dans son laboratoire et poursuit une recherche que seule la science peut accomplir :

> La fascination qu'exerce la science n'est compréhensible que par ceux qui l'ont éprouvée. Dans d'autres disciplines vous suivez le trajet emprunté par vos prédécesseurs mais vous ne pouvez aller plus loin qu'eux, tandis que l'espoir de découvertes et d'émerveillements irrigue toute recherche scientifique[41].

Mais le trouble s'empare de lui quand, après un an de labeur pour lequel l'occulte se mêle à l'expérimental, la vue de la créature l'effraie plus qu'elle ne le convainc :

> Je m'éveillai horrifié ; une sueur froide couvrait mon front, mes dents claquaient et mes membres étaient convulsés. [...] Je contemplai le pauvre hère – le misérable monstre – que j'avais créé[42].

41 *Ibid.*, p. 107 : « *none but those who have experienced then can conceive of the enticements of science. In other studies you go as far as others have gone before you, and there is nothing more to know; but in a scientific pursuit there is continual food for discovery and wonder.* » *Ibid.*, p. 74.

42 *Ibid.*, p. 116 : « *I started from my sleep with horror; a cold dew covered my forehead, my teeth chattered, and every limb became convulsed;* [...]. *I beheld the wretch –the miserable monster whom I had created.* » *Ibid.*, p. 83.

Inhérente à l'engagement scientifique apparemment sans faille, cette quête semble participer à la dangerosité de la science. Victor Frankenstein, en voulant se passer d'une compagne, donne forme à l'hybris que l'anglais traduit par *monster, daemon, devil, creature, wretch* (misérable). Comme un nouveau Faust, il veut percer le secret d'un savoir particulier, un savoir étranger à l'homme. Insuffler la vie n'a pourtant jamais participé à faire émerger l'âme, ce qui relève davantage du domaine religieux. Dieu représenterait-il un obstacle devant l'acquisition de nouvelles connaissances ? L'histoire des sociétés, leur évolution politique surtout, font reculer la prédominance théologique. Le XIXe siècle va connaître les grandes évolutions technico-scientifiques qui vont porter les individus à conquérir de plus vastes terrains. La révolution industrielle laisse croire en un monde utopique autorisé par la science, une croyance dans le progrès qui remplace la foi en Dieu. Deux guerres mondiales suffiront ensuite à faire chuter le scientifique de sa position de savant : le progrès dessert l'humain. Le scientifique faustien doit trouver une solution car le créateur s'autodétruit à travers sa créature et au XXe siècle, l'issue de sa quête sera extraordinaire : la créature s'émancipera, se métamorphosera et tombera dans l'idéologie. Le médecin Frankenstein reste l'archétype de l'horreur, de l'infâme, du monstrueux, un être vivant inhumain dont on ignore précisément les origines mais dont on devine les funestes projets.

LE SAVANT DÉMIURGE : MARY SHELLEY ET LE RETOUR À PROMÉTHÉE

En 1931, l'acteur Boris Karloff apparaît à l'écran, dans un film de James Whale, le visage grimé de cicatrices. Le teint est blafard, le regard, hagard, et la stature est haute, trop haute pour être conforme au réel du spectateur : Frankenstein a fait son entrée dans le XXe siècle d'abord grâce au cinéma dès 1910, avec *Frankenstein* de l'Américain J. Searle Dawley, avant le théâtre en 1927 dans une pièce de Peggy Webling *Frankenstein : an adventure in the macabre.* Les arts du spectacle vont ainsi rendre le récit de Mary Shelley encore plus populaire, faisant presque oublier le contexte de son émergence : après les *Contes* de Hoffmann, et avant *Le Horla* de Guy de Maupassant, *Frankenstein ou le Prométhée moderne* de Mary Shelley lance le genre fantastique et la folie du Docteur Frankenstein inaugure le mythe. Ce nom, aux résonances gutturales, colle à la figure de cette masse informe cousue de morceaux de chairs. Sans nom, sans passé, sans langage, la créature s'éduque à vivre comme les humains tandis que son créateur, médecin bourgeois de Suisse, désapprend les manières les plus simples de la vie quotidienne. Sans donner la preuve qu'il soit vraiment médecin, peut-être est-il simplement le savant qui a voulu explorer les lois naturelles et en revisiter les limites.

La singularité de ce roman a depuis fait date : la jeunesse de son auteure, son élan émancipateur, la dimension cathartique de son projet littéraire, tels sont les atouts somme toute avant-gardistes en ce début du XIXe siècle. Dans quelle mesure la folie du savant illustre-t-elle en miroir le malaise de sa créatrice jusqu'à devenir un mythe littéraire ?

Le livre en son temps

L'Angleterre littéraire résonne autant des élans du *Sturm und Drang* goethéen mêlant l'amour, la nature et l'Esprit, que des effets gothiques développés dans les romans d'Ann Radcliffe. Bien qu'Homère et Shakespeare restent dans la mémoire collective, le mystère imprègne avec succès les romans de la fin du XVIIIe siècle. Terrifier le lecteur par des bruits inquiétants et des esprits tout-puissants participe à l'élaboration de romans noirs qui montrent que la réalité en apparence anodine dissimule les malices de forces supérieures. Adam, dépeint dans la solitude la plus profonde, justifie l'urgence d'être accompagné d'une Ève rassurante. La science n'est pas en reste. Elle ne s'est jamais aussi bien portée que le jour où l'électromagnétisme a permis de comprendre le dialogue réciproque entre électricité et magnétisme.

L'accès au savoir, s'il était encore l'objet de la lutte des femmes, est ouvert à la jeune Mary Godwin. Elle est issue du milieu de la petite bourgeoisie progressiste de la fin du XVIIIe siècle, dominée par des artisans partisans des Jacobins. Sa mère, Mary Wollstonecraft (1759-1797), a déjà emprunté une voie singulière en faisant entendre la « vindication des droits des femmes » (*Vindication of the rights of woman*, 1792) La société anglaise est secouée par une crise des valeurs à la fin du XVIIIe siècle et au début du siècle suivant, par l'un des thèmes majeurs, la condition de la femme. L'œuvre de Jane Austen (1775-1817) en témoigne. Prônant l'indépendance et l'éducation des jeunes filles, Mary Wollstonecraft a choisi de vivre en union libre avec William Godwin (1756-1836), après avoir été abandonnée par le père de sa première fille. L'union officialisée en mars 1797 est suivie dès le 30 août, jour de la naissance de Mary Godwin, mais elle décède onze jours après. Malgré le remariage de son père, la jeune Mary est profondément marquée par l'absence d'un modèle maternel. Évoluant dans un milieu de rencontres prestigieuses, elle fait la connaissance de Coleridge et de Percy Shelley (1792-1822). Figure du romantisme anglais, celui-ci vit avec la jeune femme une idylle qui lui fait oublier qu'il est marié et bientôt père d'un deuxième enfant. Dans un contexte historique hautement troublé par la réaction des intellectuels britanniques devant la Terreur et son échec, leur vie sera jalonnée d'obstacles : les difficultés financières s'accumulent, le couple marié doit fuir en 1814. Seul le quatrième de leurs enfants arrivera à l'âge adulte. En 1816, deux événements s'ajoutent et la troublent : Fanny, la première fille de Mary Wollstonecraft, soit sa demi-sœur, ainsi que Harriet, la femme légitime de Shelley, se donnent la mort. À l'occasion d'un voyage en Suisse en compagnie de Claire, sa seconde demi-sœur qui attend un enfant de Byron, ami du couple, Mary Godwin devient Mary Shelley en 1816. Mais son bonheur est de courte durée. En 1822, Percy Shelley meurt dans un naufrage. C'est peu dire l'atmosphère dans laquelle la jeune femme s'engage à publier à des fins alimentaires les œuvres de son époux ainsi que ses textes, articles et contes. En 1831, la réédition de *Frankenstein* est décidée dans une version augmentée de sa propre préface, ajoutée à celle que Shelley avait signée en 1818. Elle révèle l'histoire du texte qui à elle seule mériterait une étude. Frankenstein n'est pas un mythe complètement intemporel quand on sait à quels événements tragiques sa rédaction se rattache.

Lors d'un voyage en Suisse, Percy et Mary Shelley, voisins de Lord Byron, se lancent le défi d'écrire « une histoire de fantômes » : cette nuit-là, l'orage est menaçant, et l'absence de lumière invite les trois écrivains à se livrer à une écriture d'un autre genre. Motivée par son époux qui l'encourage à se faire un nom, Mary songe à « une histoire qui devrait parler des peurs mystérieuses de la nature humaine et éveiller en nous des frissons d'horreur tels que le lecteur craindrait de regarder autour de lui, une histoire à glacer le sang et à accélérer les battements du cœur[43]. » Ainsi ce texte va traverser les siècles et renforcer l'idée que la littérature

43 *Ibid.*, p. 334 : « *... a story... one which would speak to the mysterious fers of our nature and awaken thrilling horror – one to make the reader dread to look round, to curdle the blood, and quicken the beatings of the heart.* » *Ibid.*, p. 11.

véhicule des motifs nouveaux sans renier les topiques d'un patrimoine séculaire. Sa conception révèle la complexité d'une situation narrative liée à l'existence de l'auteure en même temps que celle de son héros, Victor Frankenstein. Avoir vingt ans en 1818 lie la femme aux travaux de couture et de la tenue de sa maison. Mary Shelley a choisi l'écriture. Et bien que Percy Shelley eût relu son manuscrit, éventuellement apporté des corrections, elle est bien à l'origine de l'une des créatures modèles de toutes celles qui suivront dans la littérature fantastique.

Mary Shelley s'est inspirée autant de la littérature européenne classique – d'Homère à Shakespeare – que des romans gothiques très en vogue depuis la fin du XVIIIe siècle (Ann Radcliffe), dont l'influence dépasse les frontières. Philosophes et scientifiques s'accordent à observer le pouvoir et l'unité de toutes les forces naturelles. Entre attraction et répulsion, tout phénomène est soumis à cette dynamique isolant rarement l'une de l'autre : combinées, elles déterminent la matière. L'unité de la nature et des sciences est dépositaire du progrès en marche. Si la nature est cet espace de reviviscences où l'on sent le bouillonnement de principes vitaux à l'homme, à cette puissance du réel s'ajoute celle de l'imaginaire : le bruit des portes qui claquent, l'omniprésence, les caractères de non-humanité, sont les attributs de personnages et de situations non expliquées, lesquels entraînent le lecteur dans la sphère surnaturelle, dominée par l'esprit d'une époque. Les sciences y trouvent leur pleine légitimité pour tenter d'élucider le non-explicable autant qu'elles participent à créer le mystère.

L'effet de surprise que cela crée chez le lecteur résulte du jeu subtil entre un phénomène d'origine surnaturelle et un être dont le quotidien est bouleversé par l'irruption d'éléments singuliers voire étranges. Toute la magie du roman de Mary Shelley réside précisément dans la façon dont l'être humain réagit à l'impromptu et gère ses émotions, à la façon dont il dépasse ses doutes. Il séduit d'abord en s'enracinant dans la tradition du héros mythique. Spécifique des romans fantastiques, le récit évolue à la première personne selon le procédé d'une habile mise en abyme. Les lettres de Walton à sa sœur Margaret constituent l'arrière-plan. Voyageant sur un bateau en direction du Grand Nord, il rencontre Docteur Frankenstein qui exerce sur lui une véritable fascination. Le récit autobiographique du médecin se mêle à l'échange épistolaire de Walton pour que l'on fasse ainsi la connaissance d'un cadre entourant une expérience inédite, à la fois scientifique et littéraire : à l'enchâssement des récits, l'on doit l'hybridité générique du roman, en écho à la créature cousue de morceaux de chair. L'issue sera en effet surprenante : dans une course-poursuite jusqu'au Pôle Nord, créateur et créature entretiendront un jeu de persécution mortelle. Si Mary Shelley promet, par le titre, une lecture nouvelle du mythe de Prométhée, elle en relève la modernité tandis que le récit évolue vers une intrigue plus sombre, révélant les contours obscurs de ses deux héros. La structure du roman met en regard deux mythes fondateurs.

Les origines du mythe de Prométhée marquent la créature d'un élan mythique lié à l'humanité et à un idéal de bonheur. Participe-t-elle à une reviviscence du mythe de l'humain ? Pour exprimer la présence partagée entre rationalité et surnaturel, l'immixtion du lexique scientifique dans la sphère littéraire fait alors apparaître une ambiguïté qui pourrait déstabiliser l'équilibre du texte littéraire. Sciences exactes, humaines mais aussi histoire des idées et anthropologie s'accordent à problématiser le mythe de la créature artificielle autour des notions d'humanité et de destruction d'un idéal de bonheur. La dimension prométhéenne de Docteur Frankenstein fait apparaître les travers de pareils processus créateurs. Quant à Satan le solitaire, il est un révolté par orgueil. Docteur Frankenstein se procure *Le Paradis perdu* de Milton où Adam, souffrant de la solitude, supplie Dieu de lui créer une compagne, comme le fera la créature auprès de Victor Frankenstein. L'identification est aisée. Sa créature incarnera les aspects troubles de sa personnalité démiurge, mettant en action son vœu de l'échec. Tous deux réunis représentent les aspects d'une réalité prométhéenne toute-puissante aux actions diaboliques. Frankenstein occupe une place à part dans la tradition du mythe car il offre le cadre où va grandir la personnalité ambigüe du savant en littérature.

La quête scientifique au cœur du mythe fantastique

Les sources de Mary Shelley renvoient aux origines philosophiques et scientifiques d'un siècle prérévolutionnaire dont les engagements sont parents de ceux de la créature. Elle aurait appris par Polidori l'existence d'expériences réalisées sur des cadavres reliés à des piles électriques.

La révolution jette son ombre sur tous les protagonistes, empreints d'une mélancolie portée à la fois par un passé réformateur et un romantisme à venir qui sera inextricablement lié à l'histoire européenne. Les références littéraires sont légion et l'on sent le poids de la tradition du XVIIIe siècle, des Lumières autant éclairantes que sinistres. Lorsque Felix de Lacey lit phonétiquement l'ouvrage *Les Ruines ou Méditations sur les révolutions des empires* (1791) du philosophe français Volney, cela éduque la créature aux sons, à la prononciation. Le langage serait-il donc si simple ? Mais à pareil livre se coordonnent en elle les sentiments de résistance à son statut primaire. Elle s'identifie aux élans lumineux des Lumières qui ont connu l'embellie révolutionnaire, dans les chants et le sang, et s'attache aussi aux ombres romantiques. Mais son accès à l'éducation ne va pas sans mal tandis qu'elle demande à répondre aux attributs humains.

Lorsqu'elle lit au chapitre XV *Les Souffrances du jeune Werther* (1774) de Johann Wolfgang Goethe (1749-1832), l'amour, le lien indéfectible et rassurant du héros à la nature semblent éloignés de ce qui lui est donné en son possible ; loin du *Sturm und Drang* allemand, une lettre de Walton exprime des élans romantiques que Samuel Taylor Coleridge (1772-1834) articule dans le poème *Dit du vieux marin*. Sa lettre écrite le 28 mars 17… anticipe étrangement la malédiction qui frappera le voyage final de Docteur Frankenstein. Semblable au héros du poème, un vieux marin condamné à l'errance après avoir tué un albatros, il va voyager de pays en pays pour raconter son histoire. Cette histoire est en réalité celle de sa créature. Un seul nom les lie à jamais : Frankenstein.

Ce nom plante les fondations du mythe fantastique en littérature. Dans le contexte historique troublé de sa jeunesse, dans une période révolutionnaire dont elle sent les résurgences, dans un contexte géographique conduisant les héros de Chamonix à l'Écosse, Mary Shelley revisite la structure narrative du roman, abusant à bon escient des identités narratives : Walton, Frankenstein, la créature, puis à nouveau la voix de Frankenstein que les lettres de Walton viennent clore. Mais paradoxalement, dans cette structure d'emboîtement, la mise en abyme des registres se joue du lecteur : celui-ci est surpris de l'émergence du lexique scientifique lorsque Docteur Frankenstein est sur le point de prêter vie au monstre. La nouveauté lexicale donne une puissance à l'action. L'on ne sait jamais exactement la date. À compter de 17…, le Siècle des Lumières offre le cadre historique incertain d'une action futuriste. En effet la circularité du roman fait que l'histoire est sans cesse recommencée, relancée par ses acteurs (le monstre, le savant maléfique, la douce fiancée), échelonnée au cours de scènes tragiques (le meurtre de l'enfant). L'intrigue semble être sans origine ni contexte, née de l'imaginaire d'une jeune femme. Son origine est loin d'être issue de la parole populaire. Et pourtant ce texte dont on sait l'auteur, la date et les circonstances de sa genèse, contient tous les éléments susceptibles d'en faire un mythe moderne. Il sera intemporel.

Selon Jean-Jacques Lecercle[44], il apparaît dans sa dimension historique, discursive et subjective, à la fois comme l'effet et la conséquence d'une réalité : le choix entre le soutien et le rejet de la Révolution s'incarne dans une figure de l'étrangeté ; au visage de la monstruosité s'accole nécessairement l'effroi. À une situation réelle, la littérature apporte une solution imaginaire et la science y participe. La présence du diable est proche, si bien qu'au lecteur revient le rôle de choisir entre le discours philosophique des Lumières et le discours religieux ; enfin – et c'est sur ce postulat qu'on s'arrêtera essentiellement – à la contradiction subjective, le démiurge apporte une réponse. L'objet de Frankenstein est de répondre sur l'origine de la vie individuelle : « comment fait-on les enfants ? » Aussi, pour que l'histoire devienne un mythe, elle doit s'inscrire dans un recommencement permanent, sa révision ne faisant pas disparaître les éléments les plus importants soit le partenariat entre le créateur et sa créature. De plus, elle semble n'avoir aucune origine, ou plutôt une origine hybride, rassemblant le mythe, la légende et l'imaginaire de son auteure. La faculté qu'a Mary Shelley à donner vie à une créature sans ascendance force l'admiration. Elle lui a accordé une modernité qui n'a pas d'âge. Au cœur de ce paradoxe, il s'agit de comprendre en quoi elle revisite le mythe de l'homme créateur, en quoi elle met les failles humaines au service d'un personnage irréel. De plus, le fait que le récit se soit inscrit dans le temps, qu'il traverse les modes et qu'il y ait confusion de personnes, cela dénote sa modernité et son originalité. L'histoire mythique du créateur, père de sa créature, a trouvé sa place dans l'imaginaire collectif. Mais rien n'est moins simple que de donner la vie et de s'affirmer dans sa paternité. Victor Frankenstein n'a d'ailleurs pas accès à la vie familiale et sociale : sa créature est le seul signe de son pouvoir surhumain, elle est celle qui lui prête existence. À son tour de devenir le monstre et de partager son sentiment d'exclusion, tandis que

44 Lecercle, Jean-Jacques, *Mythe et philosophie*, Paris, PUF, 1988.

sa créature, condamnée à la monstruosité, cherche à avoir gain de cause dans le regard d'autrui. Elle est démesurée, elle veut se mettre à taille humaine à travers des compétences linguistiques auxquelles elle n'aura jamais droit. Son inaptitude à gagner en humanité offre au médecin le miroir de sa propre monstruosité. Elle ne gagne non plus aucune place dans le contrat social. Le lien qui la rattache à son créateur l'inscrit dans une autre dimension, un réel fantastique. Victor Frankenstein devient un magicien qui fabrique plus qu'un être difforme : il crée l'image d'un monstre qui va parcourir les âges jusqu'à prendre son nom.

Le médecin est dépassé par son patient devenu tout puissant. Le père qui poursuivra son enfant deviendra le poursuivi. Victor Frankenstein est à son tour la créature du monstre qui organise cette poursuite. La quête scientifique s'inscrit bien au cœur du mythe et le savant en est l'ordonnateur. Son exercice de la science participe à la création de l'artifice qui octroie à sa créature toute la force suffisante au renversement des valeurs. En cela, le mythe de la créature artificielle est un maillon dans la chaîne de la reconstruction identitaire de l'individu. Entre matérialisme et idéalisme au XIXe siècle, le XXe siècle connaîtra une grande variété de créatures qui feront régner l'artifice.

LE SCIENTIFIQUE FACE AU FANTASME

Avec le personnage du Docteur Frankenstein, Mary Shelley valide la portée littéraire du genre fantastique : la créature contient en elle les doutes de l'écrivain face à ses propres fantasmes de création. C'est ce qui fait son mystère. La réédition en 1831 qu'elle préface, établit les paramètres de sa propre création littéraire dont le ressenti éprouvé lors de cette nuit d'orage, donne à l'œuvre une tonalité unique. Ce n'est pas sans rapport avec de semblables motivations autobiographiques et littéraires que Villiers de l'Isle-Adam donne naissance à une autre créature dans *L'Ève future* (1886).

LA CRÉATURE, EXPRESSION DU DÉSIR AUCTORIAL

Ami de Baudelaire et de Mallarmé, sensible au génie d'Edgar Allan Poe et Richard Wagner qu'il rencontre dans sa propriété de Triebschen en 1869, Auguste de Villiers de l'Isle-Adam est le maître des poètes symbolistes des années 1880. *La Vie moderne* accueille les épisodes de *L'Ève future* du 18 juillet 1885 au 17 mars 1886. Le roman a été élaboré dix ans plus tôt sans trouver son achèvement. En 1878, il avait rédigé une longue nouvelle, *L'Andréide paradoxale d'Edison*, libre inspiration d'une union dont il gardait l'amer souvenir : le mariage qu'il devait contracter avec Anne Eyre Powell en 1873, avait été annulé. Si le personnage romanesque illustre un paradoxe, il est la clé explicitant cet antagonisme des sentiments, annonçant peut-être aussi la confusion de l'entreprise littéraire de Villiers de l'Isle-Adam.

L'Ève nouvelle est le premier texte à trouver sa publication dans *Le Gaulois* dès septembre 1880. La femme artificielle apparaît telle la créature assouvissant le désir de l'homme déçu par la femme réelle. La littérature permet l'accès à l'idéal, loin de la légèreté de l'épouse promise ; la fiction semble être la sphère la plus adaptée aux sentiments sincères de l'auteur. Ces trois titres rassemblent à eux seuls la problématique de la fin du XIXe siècle : autour du choix de la femme tourne la question du progrès, lié inévitablement aux sciences. Si modernité rime avec féminité, en quoi le discours scientifique en constitue-t-il la trame et l'enjeu ? Poupée insensible dite « sans intelligence », la femme réelle est défiée par une créature artificielle plus conforme au désir de l'homme. Décédé en 1889 d'un cancer de l'estomac, Villiers de l'Isle-Adam propose en *L'Ève future* une œuvre de la maturité, singulière, défiant tous les paramètres d'une femme réelle décevante car trop volage. Le roman serait-il une arme de vengeance amoureuse ? Dédié « aux rêveurs, aux railleurs », il couvre un public large, celui des modernes dont on disait avec Baudelaire et Poe qu'ils étaient décadents. Villiers de l'Isle-Adam vante leur aspiration à l'absolu, leur souci du style qui jamais n'oublie de traduire ni leur idéal, ni leur moi aux tendances autodestructrices. Plus romantique que symboliste, *L'Ève future* allie la modernité au rêve, l'ironie à une approche lucide du réel. Avec une logique implacable, il rassemble les contraintes et les sentiments dans un style romanesque à l'intrigue singulière. Il aura donc fallu dix années de gestation pour mettre la science au service des enjeux littéraires de Villiers de l'Isle-Adam, et peut-être de son malaise amoureux. L'avis au lecteur est rédigé dans cet esprit. Et le romancier d'avertir que son héros Edison reprend l'ingéniosité de celui qui l'a inspiré, « un très illustre inventeur américain < qui > a inventé une quantité de choses aussi étranges qu'ingénieuses – entre autres le Téléphone, le Phonographe, le Microphone – et ces admirables lampes électriques répandues sur la surface du globe[45]. » Du réel à la fiction, le personnage du scientifique transmet le savoir, anticipant sur son époque. On retrouve d'ailleurs *L'Ève future* en 1892 dans *Le Château des Carpates* de Jules Verne. Est-ce à dire la part « géniale » d'innovation contenue dans le roman de Villiers de l'Isle-Adam ? L'abondance des termes techniques divise certes mais en 1886, il y a quelque chose d'unique à lire la mise en forme littéraire du défi scientifique lancé à Dieu à travers ce mécanisme nouveau, ainsi selon Jorge Luis Borges, « l'un des premiers exemples de fiction scientifique qu'enregistre l'histoire de la littérature et c'est aussi une satire de la science[46]. »

L'artifice en littérature s'impose alors : en faisant appel aux sciences pour reproduire l'individu à l'identique, le scientifique change la donne de la dialectique littéraire. Le personnage du savant fou, père de la créature idéale, crée la figure artificielle qui peut venir à bout des travers de l'humain charnel : femme rêvée ou monstre masculin sans nom, à la laideur immonde. En déduit-on que le fantastique serait un genre sexué ? Le médecin Frankenstein est né sous la plume d'une jeune femme tandis que l'Hadaly est issue de l'imaginaire d'un homme. Par hypothèse, la création ne serait pas sexuée mais au contraire dépassée par la force de l'imaginaire des deux écrivains.

ENTRE CRÉATION ET CRÉATURE : UN INCONSCIENT FANTASTIQUE ?

Dans *Frankenstein ou le Prométhée moderne*, jamais une préface n'aura peut-être autant accompli sa mission de prévenir le lecteur et de lui annoncer la vraisemblance du récit qui est à suivre. Il est d'emblée saisi par le mystère et pour le légitimer, aucune référence n'est anodine : l'ouverture autour du « Dr Darwin et quelques physiologistes allemands[47] » offre la garantie d'une validation scientifique, jusqu'à annoncer l'éventualité

45 *L'Ève future*, *op. cit.*, p. 37.

46 Introduction à Villiers de l'Isle-Adam, *Le Convive des dernières fêtes*, Paris, FMR – Éditions du Panama, Coll. La Bibliothèque de Babel n° 6, 2007, p. 9.

47 Shelley, Mary, *The annotated Frankenstein*, *op. cit.*, p. 61 : « *by Dr. Darwin, and somme of the psychological writers of Germany* [...]. » Traduction de Paul Couturiau, *op. cit.*, p. 17.

d'une semblable réalisation. La fabrication de la créature impose inévitablement un voyage à travers les plus grandes passions individuelles. L'alliage subtil du merveilleux et du réel fait œuvre d'expérimentation littéraire pour rendre plausible l'existence du marginal. Les principes de la création littéraire s'organisent autour du plaisir de l'auteure, désireuse de le partager avec son lecteur, traitant de sentiments exacerbés à l'image de ceux qu'Homère, Shakespeare et Milton ont exposés dans leurs œuvres. Si ces lectures ont inspiré la jeune femme, il a suffi d'un pari pour solliciter toutes les ressources dont elle s'est sentie capable. Du projet d'une imitation est né un roman unique par sa forme et l'univers qui le compose. Examinons la signification inconsciente du monstre.

Dans la préface de 1831, nous apprenons la triple origine du roman : personnelle, littéraire, scientifique. Elle fut écrite après deux drames personnels soit la mort de ses trois enfants en 1818 puis quatre ans plus tard, celle de Percy Shelley dans un naufrage. Offrons une mention spéciale à son courage d'écriture : après la mort de son premier enfant, Mary Shelley rêve qu'elle parvient à ranimer son corps en le frottant et le note dans son journal. Rêves éveillés, imagination libérée des brides du réel, les efforts se succèdent pour « envoyer de par le monde < sa > hideuse progéniture, en lui souhaitant prospérité. [...] fruit d'une époque heureuse de < sa > vie[48]. » La création littéraire trouve sa source dans l'inspiration que la jeune femme tire du réel : elle crée le double d'elle-même et Victor Frankenstein devient son image littéraire. De plus l'explicite ordonne l'état des faits : la référence scientifique est avancée. Dans la préface de 1818, la physiologie valide l'authenticité du récit, bien qu'elle n'ait pas « le sentiment de tisser une toile de terreurs purement surnaturelles[49]. » Le roman, loin de tout motif merveilleux, obéit à une structure aussi complexe que ne l'est la monstrueuse créature : le croisement des différents registres et la mise en abyme de récits illustrent le processus répété de la naissance, pour ne pas dire de « l'accouchement » d'un texte à l'infini.

Dans un style lapidaire, voire superficiel, avare de précisions, la jeune auteure rend également hommage à « deux amis », durant l'été

---

48 *Ibid.*, p. 340 : « *And now, once again, I bid my hideous progeny go forth and prosper* [...] *for it was the offspring of happy days.* » *Ibid.*, p. 14.

49 *Ibid.*, p. 61 : « *I have not considered myself as merely weaving a series of supernatural terrors.* » *Ibid.*, p. 17.

1816, à Genève, alors qu'une soirée au coin du feu les rassemble autour d'histoires de fantômes. L'imitation ne freine pas leur imaginaire car le contenu « surnaturel et spectral » du récit avoisine les accents moraux dignes de la droite ligne narrative des œuvres de ce début du XIXe siècle. La question est de mieux savoir les étapes de la création littéraire. Mary Shelley s'interroge sur la genèse de l'histoire : « comment l'idée d'une histoire aussi horrible a-t-elle pu germer et se développer dans mon esprit alors que j'étais encore très jeune[50] ? » Cette interrogation relevant de la nature intime de la créatrice jette un éclairage nouveau sur le fondement même de la création, sur cette part intime de celui qui écrit et laisse libre cours à un imaginaire issu d'un moi susceptible de se cliver en une multitude d'identités. Le « scénario inconscient de la création littéraire » trouve ici ses racines dans les gestes les plus anodins de la vie quotidienne d'une jeune enfant de l'Angleterre victorienne. Le plaisir des « barbouillages » de notes et dessins, le refuge trouvé dans les « rêves éveillés » créent la sphère où s'édifie le synopsis d'une singulière histoire. Enfant déjà donc, elle convoquait tous les aspects de ce scénario, une « scénographie fantasmatique[51]. » La part inconsciente de l'écriture trouve sa source dans le réflexe de dessiner ce qu'elle ressent, comme un besoin nécessaire à sa liberté d'expression, secrète. À cette compulsion s'ajoute l'intervention majeure du rêve : un univers intime où elle puise toute la « matière première » au service de son potentiel créateur. La jeune Mary est à sa façon une Alice qui, en dialoguant avec les créatures nées de son imagination, vit dans un « pays des merveilles », univers virtuel à la fois inconcevable et paradoxalement confortable pour l'enfant solitaire qu'elle était. Arrivée à l'âge adulte, le défi lancé par Percy Shelley la situe de plain-pied dans le réel : écrire. Si prendre la plume est une réponse à ses encouragements, cela ne la fait pas, plus qu'une autre, apparaître comme une femme soumise aux désirs impérieux de son époux. L'idée de concevoir le livre lui est bien plus ancienne. L'on dirait même qu'écrire relève chez elle de l'innéité.

L'argument psychanalytique offre une grille de lecture permettant de reconstituer la scène originaire de la création, selon les étapes à

50 *Ibid.*, p. 331 : « *How I, then a young girl, came to think of, and to dilate upon, so very hideous an idea ?* » *Ibid.*, p. 7.

51 Assoun, Paul-Laurent, *Littérature et psychanalyse*, *op. cit.*, et « L'écriture-femme de l'inhumain. Frankenstein saisi par la psychanalyse », p. 95-125, *Analyses et réflexions sur Mary Shelley Frankenstein, L'humain et l'inhumain*, Paris, Ellipses, 1997.

franchir pour mettre en œuvre un fantasme : l'écriture du fantastique. L'Angleterre victorienne du XIXe siècle gothique a pour enfant une jeune fille que rien ne prédestinait à la résurrection littéraire de l'humain. Lorsque l'Hadaly prend forme sous la plume de Villiers de l'Isle-Adam, quelles sont « les coulisses inconscientes » dans l'édification d'un parcours fictionnel aussi intense que celui du monstre du Docteur Frankenstein ? La lecture freudienne éclaire ce parcours d'auto-gestation fictionnelle.

Freud se réfère à Schelling qui définit le « *Unheimlich* » : « tout ce qui devait rester un secret, dans l'ombre, et qui en est sorti[52]. » À quelle source le créateur puise-t-il son inspiration ? Lors de la publication de l'analyse de *L'Homme au sable* en 1919, Freud consigne les sources du « *Unheimlich* » qui met sur le devant de la scène la sphère inconsciente de l'existence. Par opposition à l'intime contenu dans son antonyme « *heimlich* », dont la racine < *heim* > renvoie au confort et à la douceur du foyer [*das Heim*], il relève de l'occulte et trouve en littérature une fabuleuse projection sur plusieurs personnages. En 1815, *L'Homme au sable* de Ernst Theodor Amadeus Hoffmann (1776-1822) précède de trois ans l'œuvre de Mary Shelley. Un vieil avocat Coppelius et le physicien Spallanzi sont à l'origine de l'Androïde, la belle Olympia. Nathanaël tombe amoureux d'elle au cours d'une danse mais découvre stupéfait que sa bien-aimée n'est qu'un automate. En opposition à ses créateurs, il perd la raison et se jette du haut d'un clocher.

L'androïde est cet automate à forme humaine apparu depuis le XVIIIe siècle dans la tradition de l'Homme-machine de Vaucanson. Hallucination ? Effet de l'imaginaire ? Traduisant un sentiment d'« inquiétante étrangeté » qui se situe entre le normal et le pathologique, le « *Unheimlich* » conditionne le fantasme de l'être parfait, en l'occurrence une femme, et s'apparente en littérature à un enfantement fictif en dehors de toute sexualité[53]. La créature artificielle est l'enfant que la réalité n'a pas concrétisé, résultat d'un fantasme. Le réel n'assouvit pas les désirs du sujet, lequel doit résister à cette frustration. Dans son univers familier surgit le mystère. Le français traduit ce processus par

52 Freud, Sigmund, « Das Unheimliche » (1919), *Gesammelte Werke*, Francfort/Main, S. Fischer Verlag, 1947, t. 12, p. 236 : « *Unheimlich sei alles, was ein Geheimnis, im Verborgenen bleiben sollte und hervorgetreten ist.* » Traduction de Bertrand Féron, *L'inquiétante étrangeté (1919)*, *op. cit.*, p. 209-263, p. 222.

53 Voir aussi Desmarets, Hubert, *Création littéraire et créatures artificielles. L'Ève future, Frankenstein, Le marchand de sable, ou le je(u) du miroir*, Paris, Éditions du temps, 1999.

L'inquiétante étrangeté (1919) qui, selon la définition freudienne, « se constitue lorsque des complexes infantiles refoulés sont ranimés par une impression ou lorsque des convictions primitives dépassées paraissent à nouveau confirmées. [...][54] » À travers ce parcours, depuis l'idée jusqu'à la mise en mots, l'auteur serait à lui seul l'initiateur des mois-partiels. Et c'est au cours de ce clivage inévitable et inconscient que l'écrivain attribue à l'ensemble de ses personnages la part d'ombre ou de lumière de leur propre identité. Cette part secrète signifie le processus au cours duquel le créateur ressent le besoin de trouver en lui l'unité nécessaire à la création, tout comme sa capacité à se dédoubler et cela, pour aller vers des créatures antinomiques à sa personnalité originelle. Pour Nathanaël, le fait d'être privé de ses yeux l'inscrit dans une dynamique de la peur : prenant sa poupée pour un être vivant, il est l'enfant qui transfère son désir de l'ami absent sur l'objet inanimé, rattaché le plus souvent à son jeu. La rencontre avec Olympia ouvre la voie à tous les fantasmes possibles, à ces peurs infantiles dont la reviviscence dans la vie d'adulte peut entraîner les pires dégâts. Entre le vivant et le mécanique, Hoffmann participe à la réinvention de la femme. C'est Villiers de l'Isle-Adam qui va la ressusciter sous le nom d'andréide, « la machine humaine[55] » fabriquée de toutes pièces et démontable.

La créature serait donc le double, emblème d'une modernité littéraire. Elle incarne le rapport de l'auteur à lui-même quand le processus créateur sollicite chez lui la quête d'un refoulé qu'il veut à nouveau faire émerger. Entre « clivage du moi » et « retour du refoulé », elle ouvre à une identité plurielle : l'étranger, l'inconnu. L'automate, le monstre incarnent ces faits infantiles qui trouvent une expression problématique entre le fantasme de son créateur et le réel de son auteur. L'écriture de Mary Shelley, par exemple, traîne avec elle son lot d'interrogations : le dualisme masculin/féminin s'inscrit dans le rapport de la créatrice à son sujet. Elle alloue à son personnage toute la part inconsciente de ses peurs intimes dont l'assouvissement s'incarnerait en l'être parfait. L'issue en est monstrueuse alors que Villiers de l'Isle-Adam cherche à accomplir le fantasme de la femme parfaite. Dans ce but, la science est

54 Freud, Sigmund, « Das Unheimliche » (1919), *op. cit.*, p. 263 : « *das Unheimliche des Erlebens kommt zustande, wenn verdrängte infantile Komplexe durch einen Eindruck wider belebt werden, oder wenn überwundene primitive Überzeugungen wieder bestätigt scheinen.* » Traduction de Bertrand Féron, « L'inquiétante étrangeté », *op. cit.*, p. 258.

55 *L'Ève future*, *op. cit.*, p. 147.

doublée du pouvoir surnaturel : l'âme anime la créature artificielle. Atteindre le sublime ne peut se réaliser que par un phénomène de transsubstantiation[56] : le corps de l'Hadaly est habité par l'esprit de Sowana. L'Andréïde est la créature artificielle avec toutes les possibilités que la technique d'Edison peut lui donner.

L'être artificiel nous interroge finalement sur les conditions de l'écriture. À travers la création littéraire émerge l'envers de ce que la science dit de l'artifice, soit précisément l'aspect « étrange », « inquiétant » de la figure qui exprimerait la vérité inconsciente de l'auteur. Le « savoir inconscient » met à jour les fondements de la démarche littéraire. La psychanalyse ne donne pas la clé de l'œuvre mais permet de reconstituer la scène originaire de ce processus créateur. La genèse du monstre relève finalement de l'archéologie intime de son auteur. Il n'existe pas d'inconscient fantastique proprement dit. C'est davantage l'incursion des sciences dans la sphère romanesque qui ouvre la voie à l'étrange et rend l'atmosphère fantastique. À la vue du corps du monstre, par exemple, succède l'effroi. Docteur Frankenstein est lui-même stupéfait du résultat obtenu. La science donne donc un ancrage dans le réel, fournit les outils de la mise en marche du vivant, malgré le sentiment d'horreur que la créature suscite autour d'elle. Les expériences infantiles sont des épisodes traumatiques refoulés dont la naissance de la créature confirme l'importance ; elles contiennent en elles le terreau littéraire.

APRÈS L'HOMME COUSU, LA FEMME ARTIFICIELLE

La découverte de l'électricité rassemble deux projets littéraires dont Mary Shelley et Villiers de l'Isle-Adam (1838-1889) sont les garants mais ils en montrent les possibles dérives. Edison fut célèbre en 1877 à l'occasion de l'invention du téléphone, du phonographe et du microphone. À demi frappé de surdité, il est confronté au silence. Son incarnation chez Villiers de l'Isle-Adam montre précisément cette ambivalence entre la fragilité de l'homme et la force du discours scientifique. Il s'oppose à l'autosuffisance du Docteur Frankenstein qui repousse toujours plus loin les limites de sa création. Lord Ewald, quant à lui, tombe amoureux d'une

56 Noiray, Jacques, « La fabrique du sublime : illusion et transfiguration dans *L'Ève future* », p. 51-63, Didier, Béatrice et Ponnau, Gwenhaël (dir.), *L'homme artificiel : les artifices de l'écriture ? Hoffmann, Mary Shelley, Villiers de l'Isle Adam*, Paris, SEDES, Cahiers de Littérature générale et comparée, 1999.

femme à la beauté parfaite, dont l'âme est hélas vulgaire. L'androïde, créé par l'ingénieur Edison, est censé copier le physique de son modèle et développer ce que la réalité n'offre pas : sensibilité et spiritualité. Les longues descriptions scientifiques que comporte le roman le place parmi les premiers romans d'anticipation. Mathématique et géométrie, calculs de physique, hypothèses et démonstrations, tout rejoint la démarche savante. Mais les fondements expérimentaux sont-ils pleinement justifiés ?

Lord Ewald rend visite à l'un des scientifiques les plus en vue de l'époque, Thomas Edison, son vieil ami. Le phonographe, invention permettant toutes les expériences les plus imaginatives, vient au secours de l'amour malheureux qu'il voue à la cantatrice Alicia Clary. La science apporte un bénéfice à la représentation de l'humain quand Thomas Edison lui propose de reproduire Alicia à l'identique. Il parvient, tel un sculpteur, à relever tous les détails de ses traits. Lord Ewald n'y voit que du feu lorsque croyant un soir découvrir chez sa bien-aimée des qualités insoupçonnées, il apprend qu'en réalité, il est séduit par celle qu'Edison a nommée Hadaly l'Andréïde. Deux âmes en une divisent la destinée du personnage : Sowana, être surnaturel, habite le corps de l'Hadaly laquelle part en voyage avec Lord Ewald, plus amoureux que jamais. Un naufrage conduit la créature et son modèle, Alicia, à leur perte. Entre création divine et création humaine, Ewald porte tragiquement le poids d'un seul deuil, celui de l'Hadaly.

Le cadre de vie d'Edison, entre laboratoire, pavillon et château, offre l'espace d'une réflexion isolée : toute la marginalité du personnage âgé en 1886 de trente-neuf ans (et non de quarante-deux ans comme Villiers de l'Isle-Adam l'indique dans le premier chapitre) apparaît dans sa comparaison avec Gustave Doré, l'artiste versus le savant, avec Beethoven dont Villiers de l'Isle-Adam salue le génie affronté avec courage face à la surdité. Une description de l'environnement de travail introduit le lecteur dans un univers hautement technologique : entre réflecteurs et aimants, des équations, appareils mécaniques servant à reproduire les sons, aux mécanismes installés, le phonographe est l'invention qui va conduire la trame narrative. Le personnage du roman s'apparente aisément à celui de Mary Shelley chez qui le scientifique est le créateur d'un monde. Sa créature représente tout autant la réalisation de ses fantasmes, en incarne tous les dangers, toutes les dérives aussi : « Hadaly dépend de la volonté libre de celui qui osera le concevoir[57]. » Après trois semaines de mystérieuses expérimentations, l'innovation technique domine l'expression sentimentale qui innerve les pages d'un lyrisme grandiloquent, frôlant les penchants mystiques d'Edison. Au cœur de l'intrigue, une femme. Remplacée par son double mécanique, elle fait croire qu'elle reste un objet d'amour désirant. Jusqu'au dénouement du livre VI, le lecteur assiste à la chute progressive de Lord Ewald, après que celui-ci a cru recouvré tout l'amour porté à Alice Clary à travers l'Andréïde. Le lecteur parviendrait presque à oublier, à l'instar du héros, que la femme est artificielle.

Entre chair et technique, entre ambition savante et amours déçues, le récit oscille entre fantastique et sentimentalisme occulte. L'atelier est envahi des monologues d'Edison, tels la trame d'un drame prédéterminé. Le secret de l'Andréïde pèse jusqu'à la fin du roman. Dans un discours didactique, comme chez Jules Verne, Villiers de l'Isle-Adam s'appuie sur des données scientifiques objectives : définitions, précisions de type documentaire constituent un hypotexte sur lequel repose l'intrigue. Cet entrecroisement des discours confère à une intertextualité au sein de laquelle on ne sait si le scientifique cherche à s'emparer de l'espace littéraire, condition indispensable à l'évolution de la créature artificielle. C'est ce qui fait la spécificité du roman. Gwenhaël Ponnau ne parle pas pour Edison d'une réécriture des discours scientifiques mais de la production nouvelle d'un texte poétique[58]. Usant d'un art du langage sans ambages, il enrobe son projet entre didactique scientifique, « poéticité », calembours, approximations et sarcasmes. Afin d'accréditer par le discours de la science la possibilité de l'expérience, Villiers de l'Isle-Adam utilise tous les ressorts du langage pour définir les enjeux de son projet : Hadaly l'Andréïde est née du génie d'un inventeur. C'est l'objet d'un surabondant discours théorique qui convoque des éléments nés de la mécanique, de la physique, de la chimie, de la physiologie, de la neurologie pour animer la créature. Aventure, tentative, expérience, transsubstantiation, la science ouvre sur tous les projets, quelle que soit leur dénomination.

Plus créature que femme, l'Andréïde rassemble les attributs de séduction et d'efficacité que le progrès mécanique peut octroyer au

57 *L'Ève future*, *op. cit.*, p. 132.

58 Ponnau, Gwenhaël, « Introduction », *L'homme artificiel : les artifices de l'écriture ? Hoffmann, Mary Shelley, Villiers de l'Isle Adam*, *op. cit.*, p. 5-6.

mouvement : « L'articulation se compose de ce qui emboîte et de ce qui s'emboîte : or, ce qui emboîte, dans les membres de Hadaly, c'est l'aimant multiplié par l'électricité : et comme le métal que l'aimant domine et attire le mieux (mieux, enfin, que le nickel et le cobalt) n'est autre que le fer, j'ai dû employer l'acier-fer en ce qui est emboîté[59]. » Relevons la précision de sa respiration, sans brûler d'oxygène ! Quant à sa nourriture, il faut en parler comme de son « alimentation ». Est-ce la perfection de l'Hadaly qu'il faut féliciter, comme le résultat d'une métamorphose d'Alicia Clary en mieux ? La constitution mécanique transforme la femme en une apparition unique : la description du personnage allie le technique au merveilleux avec une habileté discursive qui confère à la créature toute sa magie. Moteur, disques, métaux et inducteurs rivalisent avec l'étincelle « léguée par Prométhée[60] » pour mettre le corps artificiel en action. Edison ne manque pas de rappeler à Lord Ewald qu'en tout homme se cache un Prométhée au pouvoir de vie. Si en elle, il aime une image de la femme attendue, il ne peut se passer du génie d'Edison. Elle est au départ une apparition au regard mort. L'inquiétante étrangeté que la créature provoquait dans le laboratoire du Docteur Frankenstein est remplacée par le regard de la femme aimée. « Née de la Science, de la patience et du génie », l'Hadaly crée la confusion entre le réel et la fiction. Sa démarche surprend par sa souplesse mais qui le devinerait, sûrement pas Lord Ewald, qui n'en revient pas de l'aura de cette incarnation. Deux rondelles d'or montées sur chaque os fémoral lui confèrent un déambulé presque réel. Il voit en elle la beauté incarnée de la femme désirée. Loin de n'être que « la statue attendant le Pygmalion créateur[61] », elle devient un être puissant, traversé par un souffle vital. Entre l'organisme et la rotation des pièces s'organise le passage des fluides, nerveux et électriques, afin de bâtir la structure organique de la femme-machine. À la fois créature et inspiratrice, elle est destinée à mourir selon la volonté de son créateur. Mais avant ce funeste moment, elle montre que « la Science aura prouvé qu'elle pouvait guérir l'Homme… même de l'amour[62]. » Électromagnétisme et matière radiante œuvrent en faveur de cet amalgame qui trompera Lord

59 *L'Ève future*, *op. cit.*, p. 150.
60 *Ibid.*, p. 215.
61 *Ibid.*, p. 248.
62 *Ibid.*, p. 345.

Ewald. « Ô bien-aimée ! Je te reconnais ! Tu existes toi ! Tu es de chair et d'os, comme moi ! Je sens ton cœur battre ! tes yeux ont pleuré ! tes lèvres se sont émues sous l'étreinte des miennes ! Tu es une femme que l'amour peut rendre idéale comme ta beauté[63] ! » Si l'Hadaly lui donne l'illusion de la vie, elle reste une « entité magnéto-électrique[64] » et ne berce pourtant pas le spectateur d'illusion : l'électricité est un « agent vital[65] » qui permet l'action. Si maintenant il existe une illusion, elle est divine. Pourtant l'apport « des formidables ressources actuelles de la Science[66] » placent le créateur devant une juridiction à laquelle il doit rendre des comptes : le geste de lever la main pour prêter serment le situe aux côtés des témoins de l'évolution scientifique, à défaut d'être dans le box des accusés. Car l'épisode relatant la naissance mécanique de l'Andréide le met face à des enjeux de taille. Le pacte est double : Edison se réclame de la puissance de Dieu mais lance un défi à Lord Ewald.

La littérature fait état d'une rivalité : la science moderne mettrait la nature au défi de réussir mieux qu'elle, d'incarner le désir de l'homme pour la femme à l'aide d'autres outils. Un roman-dénonciation ? Peut-être. Satirique, certainement. Imaginer un automate à l'image parfaite de son modèle rappelle les défis du docteur Frankenstein, à la seule différence que la création d'un être humain répond aux critères de la beauté parfaite, et au fait que son intelligence s'harmonise à l'image de la femme idéale. L'être artificiel est destiné à sauver l'homme en détresse. Le monstre fabriqué de toutes pièces par le héros de Mary Shelley finit par se retourner contre son créateur, et par perpétrer le meurtre. La femme promise ne verra jamais le jour, et conduit par la frustration de ne pas connaître l'amour, il s'indignera et se révoltera.

En faisant appel à l'artifice pour redorer le réel, pour l'enrichir, pour l'anoblir parfois, l'œuvre de Villiers de l'Isle-Adam marque une rupture avec le naturalisme zolien en montrant ce qui résulte d'un réaménagement de la nature : l'artificiel en est l'une des conquêtes. La fabrication de l'idéal féminin s'appuie sur le travail de l'artifice comme relais de l'imaginaire. Il emprunte à la science les moyens suffisants à ce qu'exige le « roman scientifique » qu'il a voulu construire : l'expérience

63 *Ibid.*, p. 306.
64 *Ibid.*, p. 117.
65 *Ibid.*, p. 120.
66 *Ibid.*, p. 124.

donne lieu à une fiction mêlant imaginaire et réalisme technique. Sa position sur les bienfaits de la science positive apparaît clairement. Elle peut justifier les événements surnaturels. En dépit de tous les éléments scientifiques introduits avec précision, et souvent justifiés, dans quelle mesure peut-on dire que *L'Ève future* est plus un roman philosophique qu'un roman d'anticipation scientifique ? Il prouve de façon certaine « les limites infranchissables de la science » et affirme « l'irréductible mystère caché du fond des choses[67]. » Ce qui reviendrait à dire qu'il reste une impression de scientificité. L'exactitude des passages savants serait à vérifier : sur la rationalité domine une poésie de la technique au service d'une femme à la beauté étourdissante mais l'amour qu'Ewald lui voue la rend inaccessible. Elle détient en elle le secret de l'Andréïde fatale qui participe à la construction du mythe fantastique.

L'automate, soit la machine qui s'introduit dans l'univers fantasmé d'Ewald, est en fait la caricature de la femme aimée, entourée d'une aura mystique. Lord Ewald va peu à peu croire en cette illusion jusqu'à en devenir prisonnier. La fin du roman est compliquée. Hadaly finit par périr lors d'un naufrage, le laissant toujours épris, toujours bercé de l'illusion de cet amour, mais inconsolable de l'avoir perdue. Le retour à ce réel tragique révèle aussi la faiblesse de son pouvoir. La foi de Lord Ewald en une vie de l'au-delà donne à l'artifice toute sa cohérence : la poupée ne fait plus illusion. Animée par Sowana, la poupée prend vie malgré ses mécanismes. S'il est question de caricature, que reste-t-il du féminin ? La femme subit des transformations étape par étape, au cours desquelles le lyrisme rivalise avec le fantastique, nourri par l'apport scientifique : « Miss Clary vous apparaîtra, non seulement transfigurée, non seulement de la "compagnie" la plus enchanteresse, non seulement d'une élévation d'esprit des plus augustes, mais revêtue d'une sorte d'immortalité. Enfin cette sotte éblouissante sera non plus une femme, mais un ange : non plus une maîtresse, mais une amante : non plus la Réalité, mais l'IDÉAL[68]. » Les premiers chapitres laissent planer une atmosphère inondant le lecteur de doutes sur la réalité de la situation. Faut-il rappeler que le personnage de l'Andréide surgit de l'imaginaire de Villiers de l'Isle-Adam après la rupture avec Anne Powell ? L'idéal mécanique réhabilite la chair désirable d'une femme

67 *Ibid.*, Raitt, Alan, préface p. 10.
68 *Ibid.*, p. 108.

qui lui a échappé. La femme-machine est mise au service du fantasme masculin. Est-ce que l'artifice serait indispensable à la survie de son chagrin réel ? La science concrétise le fantasme d'Edison qui prête corps à la femme idéale, créature inaccessible et réalisation d'un rêve nourri par les scientifiques qui ont cherché le moyen de créer l'impensable. La femme-machine que l'on croyait neutre s'avère sexuée et arrive en contrepoint de l'homme machine.

L'irruption de la créature au milieu du réel a donné naissance au motif de la dualité : le personnage principal vit soudain la présence d'un autre « moi », un frère jumeau cloné qui vient perturber le récit. C'est là que le fantastique installe le doute dans les rapports entretenus par le sujet avec le monde : toute la rationalité vole en éclats à travers un récit valorisant le déséquilibre mental du héros : en croyant rencontrer un double de lui-même, il est sujet à hallucinations, ou du moins évolue-t-il dans un monde de visions. Le réel n'obéit plus aux mêmes lois fondamentales régissant les relations interpersonnelles qu'il entretient avec son proche entourage. En effet, le modèle peut subir des variations : à la laideur de la créature de Frankenstein s'oppose l'Hadaly. L'artifice technologique corrobore ainsi la beauté du sujet, incarnation de l'Éternel féminin que les outils de la science permettent d'améliorer. Si l'on part ensuite du postulat que la créature fait figure de double, il convient de savoir de qui elle se veut la néfaste médiatrice. Est-ce du héros ou de l'auteur ? Thème fantastique par excellence, le double travaille sur l'antagonisme entre le rationnel et l'irrationnel susceptible de ne pas être expliqué voire de rester inexplicable. Il se bâtit sur l'ambiguïté. La femme artificielle pose la question de « l'original » et de la « copie ». Mary Shelley en rappelle l'opposition entre le mort et le vivant, l'animé et l'inanimé, l'humain et l'inhumain, le sexuel et l'asexué. La femme réelle inaccessible, objet de désir face à la créature, montre le pouvoir de l'illusion. Par le dédoublement possible du monstre masculin réclamant un complément féminin, se pose la question de la criminalité au féminin. Quant à l'Andréïde, elle propose « tant de femmes[69] » en elle pour toucher finalement une perfection qui ne peut être que surhumaine. Sujet à transfiguration, la créature pose non plus l'énigme freudienne de la femme, mais celle du sexuel sublimé. Car comment l'homme pourrait-il résister à l'idéal féminin ?

69 *Ibid.*, p. 317.

Depuis les origines, l'artifice relève du mythe comme fable. Le scientifique du XIXe siècle expose les dangers de l'irrationnel. La reproduction de l'individu par voie scientifique interroge les moyens qui, pour y parvenir, peuvent remettre en cause l'idée d'humanité. L'imaginaire participe à cette évolution de la modernité, sphère de contradictions qui cherchent un équilibre entre tous les savoirs possibles.

L'HÉRITAGE DU SAVANT

De la créature artificielle à l'émergence de l'inhumain

Le genre fantastique a représenté une terre d'accueil favorable à la figure de la créature comme double d'un humain incapable d'assumer sa nature pulsionnelle. Nous avons vu qu'autant Mary Shelley que Villiers de l'Isle-Adam ont témoigné du processus propre à la création littéraire lorsque l'écriture devient l'expression intime des désirs personnels. Le clivage de l'auteur-personnage, comme manifestation inconsciente, ouvre la voie à la mise en œuvre d'une modalité exceptionnelle : le partage entre l'expérimental et le sensible. Participant à bâtir le mythe de la créature, l'artifice enrichit le réel, bousculant le quotidien trop tranquille du héros et faisant évoluer sa place dans la sphère sociale : Edison est bien resté comme le scientifique-inventeur après lequel on a pensé la science différemment. La créature artificielle interroge sur les conditions de son avènement en littérature.

La part inconsciente investie dans le genre fantastique s'épanouit dans son expression la plus indicible et prend la forme des peurs impalpables de l'individu. C'est justement ce qui est inexplicable. L'irréel semble s'immiscer dans la sphère de l'étrange jusqu'à se développer à travers le personnage du savant qui devrait œuvrer en faveur du respect de l'humain. Or la créature dont il est l'auteur, lui échappe. À travers elle, il incarne toute sa capacité à réviser ses propres défaillances. Cherche-t-il à réparer ce dont lui-même n'est pas capable ? Tente-t-il de magnifier ce qui sommeille en lui ? En créant l'humain, veut-il afficher un double supérieur ?

Ce mythe dit de « la créature artificielle » qui frôle le fantasme, pose la question de la limite de l'artifice et de son irruption dans la réalité objective. L'usage des sciences renforce naturellement l'idée d'un monde meilleur si l'artifice y fait sa place, même en forçant le passage de la légalité autorisée. L'histoire de la littérature, du cinéma et des arts regorge de phénomènes dont le naturel dissimule l'étrangeté. L'abandon de « ce qui fait l'homme » tend vers le bizarre, mettant en danger l'humain, jusqu'à devenir inhumain. Doit-on cette chute, d'aucuns diront cette décadence, au progrès scientifique ? Est-ce une fatalité ?

Le mythe de la créature artificielle est érigé en mythe moderne tandis que le XIXe siècle est frappé par la révolution de l'ère industrielle. La machine, objet au centre du progrès, marque l'écrivain attentif à tout ce qui pourrait l'ouvrir à la nouveauté. Tant et si bien qu'Edison place dans son laboratoire les appareils photos, les micros et même un ascenseur transformant le lieu en un espace transgressif. Lorsqu'Edison cherche à réconcilier l'âme et le corps en une composition idéale, l'Hadaly incarne la mise en abyme entre sciences et art : figure esthétique réalisée uniquement à partir des seuls progrès techniques possibles, elle montre les dangers du matérialisme, et pose la question de la création quand la technique est susceptible de dominer. La créature représente à elle seule le passage des sciences anciennes aux sciences modernes. L'ésotérisme dont le lecteur ressent une forte présence dans *Frankenstein*, n'apparaît plus. En revanche, nous verrons l'habileté avec laquelle Maupassant inscrit ses personnages dans une sphère occulte dont ils ne parviennent pas à se libérer. Le XXe siècle renforcera l'idée d'abolir l'humain.

Le mythe ne peut donc s'affirmer comme étant la confirmation de thèses objectives qui attesteraient des progrès bien réels de la science. Examinons le glissement opéré entre la créature élevée au rang d'un être supérieur et le personnage dont la grimace crée l'effroi, la peur, le rejet. Mais n'est pas créature celle que l'on croit : le créateur instaure le doute sur ses intentions, à l'opposé de l'être issu de son imaginaire auquel il donne naissance pour le rendre plus humain que jamais il ne l'aurait imaginé. Là réside les singulières conditions du genre fantastique lorsque les sciences y font irruption : l'humanité en devenir va se laisser vaincre par les ambitions du savant. Il revient à l'écrivain d'organiser cette rencontre improbable à travers le prisme du héros, surpris lui-même d'être dépassé par le progrès dont il est pourtant l'initiateur.

LE DOUBLE MONSTRUEUX

« Le double et le monstre ne font qu'un[1] », écrit René Girard dans *La violence et le sacré.* Comment départager deux figures qui s'inscrivent dans la marge, sur l'à-côté du réel auquel chaque personnage est affilié ? Il est impossible de les séparer. La question du double est inhérente à la topique de la créature. Celle-ci dite « monstrueuse » répond en littérature à une longue tradition dont nous connaissons à travers Frankenstein un exemple original : sa quête de sens – l'existence, l'amour, l'éducation – lui donne une étoffe psychologique unique, qui participe à l'élan narratif et relance toute la problématique du roman fantastique.

Le mythe du bien et celui du mal se rencontrent, s'opposent et se nourrissent l'un l'autre. Le monstre est d'abord l'altérité dont on ne connaît pas l'origine. Chez cet Autre à l'apparence malfaisante, la laideur nous porte au dégoût. L'étymologie du terme en révèle la part obscure : *monstrare* (faire voir) et *monere* (avertir) jouent sur le double tableau du spectaculaire et de l'interrogation. Entre spectacle et spécularité, le monstre contient en lui une véritable dualité. La créature a beau être artificielle, elle détient tous les ressorts complexes de l'humain : elle se fait démon, l'ange se fait destructeur. Si elle s'approche de Satan, elle n'atteint pas les limites de l'humain. Pourtant elle en frôle la frontière : l'éducation lui ouvre la voie de la lecture et de l'amour, jusqu'à la convaincre d'avoir une partenaire de vie et d'amour.

Le monstre est le miroir d'un Autre qui regarde, qui examine et scrute. Il incarne l'autorité qui juge, le père ou la mère, ce surmoi parental dont l'enfant redoute les objections. Ce regard scopique a valeur de révélateur, celui de l'identité intime de l'auteur. Le vieil aveugle ne provoque aucune peur chez la créature, ni n'en éprouve. Et pour cause, l'absence de regard met en confiance le marginal, l'exclu, tout représentant d'une altérité singulière dans laquelle le savant ressent soudain un réel étranger. La créature cherche à adopter les règles tout en violant les lois. De son côté, Docteur Frankenstein se livre à une autocritique de sa création tandis qu'il la rejette, niant la part expérimentale de son projet. Pareil à Docteur Jekyll, dans *L'étrange cas du Docteur Jekyll et de*

1 Girard, René, *La violence et le sacré*, Paris, Pluriel, 1972, p. 237.

Mister Hyde de Robert Louis Stevenson (1886), le scientifique éprouve une haine de lui-même que l'accès aux sciences, et l'usage novateur qu'il en fait, ne parviennent pas à adoucir. Le progrès scientifique entraîne la propre démission de son initiateur.

L'humanité de la créature, supérieure à celle de son créateur, ne penche du mauvais côté qu'en raison de son inaccessibilité au bonheur. L'accès à l'amour et à l'éducation lui étant refusé par Docteur Frankenstein, elle devient le monstre que chacun porte en soi, exprimant les incohérences de l'être humain soumis à la marginalité. Condamnée par l'ordre social dont elle s'éloigne dès le premier meurtre, la créature incarne la révolte… de son auteure ? Si l'on part du principe que l'inconscient contient les ressources nécessaires à la création, au lieu d'y voir un état, nous souhaitons l'approcher comme un processus, une part d'activité en soi qui participerait de façon immédiate à l'élaboration ici du monstrueux en littérature, lié à la laideur. En interrogeant le lecteur sur son rapport au visible, Hoffmann, Mary Shelley, Villiers de l'Isle-Adam valorisent la question de l'automatisme monstrueux : malgré les efforts du savant pour approcher le réel au plus près, les créatures respectives restent des êtres provoquant un « effet-choc » sur leur propre créateur. Subissant les conséquences de celui qu'il a « fabriqué » selon ses vœux, Docteur Frankenstein, par exemple, est confronté à « une chose innommable » dont il finira par réclamer l'absence. L'aspect repoussant le renvoie du côté des parias.

Suivant l'interprétation de Paul-Laurent Assoun, il y aurait une « écriture-femme de l'inhumain ». Il est vrai que la biographie de Mary Shelley est traversée par les deuils répétés, en particulier ceux de ses enfants. La littérature viendrait-elle expier l'affect douloureux, tout porte à le croire, mais sans livrer les clés lexicales du féminin. Au-delà de la question des genres, la réponse se trouve plutôt du côté de *l'Unheimlich.* En effet, on ne peut insister sur le fait que le récit soit la création d'une femme dont le fantasme serait criminel. En référence à la question posée d'entrée de jeu par Mary Shelley sur la genèse de son écriture, elle laisse à penser que la charge d'émotions est répartie entre Walton, Docteur Frankenstein, la créature monstrueuse, Elisabeth et tous les autres protagonistes du récit. La créature efface son créateur et l'auteur qui les a créés : le mythe Frankenstein éclipse Victor Frankenstein et Mary Shelley. La nature de la créature souligne les artifices de l'écriture.

Le créateur/auteur prend en charge la fabrication de l'être, en détaille tous les contours et lui prête vie. Avènement ou naissance, créer ce personnage interroge sur les conditions de la création.

« L'EFFET FRANKENSTEIN »

La puissance fantasmatique de Mary Shelley est telle que les images émergentes s'imposent dans le réel de l'auteure : une « imagination sans bride », « une très forte acuité mentale[2] » donnent lieu à l'écriture rêvée de la rencontre du Docteur Frankenstein et de sa créature. Dans un demi-sommeil, le portrait du « pâle apprenti en sciences interdites[3] » prend forme. La préface relate alors le témoignage unique d'une auteure qui devient son propre personnage, se situant par la même occasion au niveau de son héros. En effet, à son réveil, la jeune femme ressent la même terreur que celle qui a envahi le jeune médecin à la vue de « l'horrible chose debout à son chevet, qui écarte les rideaux et le regarde de ses yeux jaunes, délavés et interrogateurs[4]. » Face à ce projet visionnaire, l'écriture s'impose et le réel de l'écrivain accueille la « transcription » du fantasme. Elle est le seul moyen d'expurger ce bouillonnement créatif issu d'un clivage de sa personnalité, indispensable à l'écriture. Le récit est objectivé, devenant l'expression traumatique d'un réel soumis à une force inconsciente aux traits monstrueux. La créature serait l'expression advenue d'un refoulé insoupçonné et la scène originaire de la création en propose une possible interprétation. Le monstre affiche un double visage. Il est d'abord l'être inhumain à visage humain. Il endosse le rôle de l'enfant qui tue son père-créateur en même temps qu'il élimine l'imago maternel de celui qui lui a donné naissance. Il reste ainsi sans origine ni généalogie, sans parents ni langage, si ce n'est celui de l'instinct. En gardant les coutures de sa fabrication, et le jeu de Boris Karloff au cinéma l'a très bien illustré, la créature « fait semblant » d'être humaine. L'exégèse psychanalytique de Paul-Laurent Assoun montre les effets de cet homme fragmenté qui imite l'humain sans accéder au stade parfait de sa nature. La négation contenue dans le préfixe in-humain insiste sur

2 Shelley, Mary, *op. cit.*, p. 339 : « *My imagination, unbidden,* […] *but acute mental vision.* » Traduction de Paul Couturiau, *op. cit.*, p. 13.

3 *Ibid.*, p. 339 : « *I saw the pale student of unhallowed arts* […] » *Ibid.*, p. 13.

4 *Ibid.*, p. 339 : « […] *behold the horrid thing stands at his bedside, opening his curtains, and looking on him with yellow, watery, but speculative eyes.* » *Ibid.*, p. 13.

la contre-réaction que la créature manifeste envers elle-même d'abord (avant d'en vouloir aux autres). Elle fabrique sa propre monstruosité. Tout corps humain, quand il n'est plus voilé par la parole, détient cette possibilité explosive, ce déchaînement de la jouissance au-delà du langage. Le monstre, en lui, contient et montre la possible explosion de violence purement « corporelle ». Qu'est-il alors, ou bien qu'est-*ce*, si ce n'est qu'une masse physique, une force animale ? Rien n'arrêtera sa puissance, motivée par sa capacité à se rebeller contre une nature difforme qui le dévalorise et l'exclut. En étant un fac-similé, juste une imitation du corps humain, il en montre sa négation. Mais l'informe crée en lui son humanité, réclamant l'accès à l'amour et au langage. L'absence d'éducation fait qu'il s'égare vers le crime. « Il se dé-symbolise » (Paul-Laurent Assoun). Et cela a une explication. Il est l'inhumain trop humain tandis qu'il réclame de franchir les étapes d'une humanisation bien légitime mais trop d'éducation le rendrait dangereux. Il rappelle la menace de la déshumanisation présente au cœur de chaque individu, victime d'un déterminisme social qui peut le conduire au crime. Adam difforme, elle renvoie à la question de l'origine, et sa naissance interroge les fondements de l'écriture.

Mary Shelley vécut son succès en toute introspection. Tout est parti d'une conversation qu'elle n'a jamais oubliée en dépit des maheurs de son existence. Écrire, tel un défi, était un engagement sentimental. *Frankenstein* est devenu un « livre-symptôme », celui d'années au cours desquelles elle-même fut la créatrice de sa propre identité de femme et de mère, une créature livresque, portée par le soutien intellectuel et l'amour de Percy Shelley. Elle ne partagea ni mort, ni chagrin, pour souligner sa vaste tragédie personnelle. Elle fut portée par le souvenir de l'écriture, dans la force d'une solitude péniblement assumée. En s'adressant aux lecteurs qui, selon elle, pouvaient faire fi des éléments autobiographiques, elle chercha en vérité à mettre en lumière des éléments majeurs de la genèse de l'œuvre, expliquant en quoi il existait une réelle symétrie entre son histoire et le parcours de Victor Frankenstein, la créatrice et sa créature romanesque. La figure du monstre est issue de cette relation inédite.

LE MONSTRE ET LE FÉMININ

La thèse de Paul-Laurent Assoun défend l'idée que Mary Shelley, ayant perdu sa mère à sa naissance, soignerait son double sentiment d'abandon et de culpabilité en s'inventant une identité à travers ses deux héros : le créateur et sa créature. Elle assouvit un « fantasme d'auto-génération au féminin » : la mort de la mère de Victor Frankenstein, la verbalisation, par le monstre, de l'absence de ses origines sont autant d'étapes du roman familial de Mary Shelley. Elle met en écriture son conflit : le rêve éveillé sert à corriger la vie réelle et le texte en offre la traduction. Le sujet se raconte une histoire à lui-même mais son texte sert à traduire le rêve et exprime la réalisation concrète de son désir intime. « Le malheur » de perdre sa mère donne naissance à une créature monstrueuse. Elle incarne, dans une perspective de la « monstration », la douleur d'avoir été abandonnée. Son rapport très étroit, parce que précoce, à la mort, se manifeste au cours des visites nocturnes des cimetières qui ponctuent la quête scientifique de son héros. Mary Shelley serait, avec Frankenstein, le père fictif d'une « mère masculine ». En l'absence de personnages féminins forts et capables de donner la vie, marié à la science, Docteur Frankenstein, quant à lui, remplit le rôle de la mère de la créature. Mais il n'imaginait pas qu'un jour, celle-ci lui demanderait son double féminin, son Ève artificielle. La compagne de la créature serait en mesure d'engendrer des êtres à leur image. L'expérience doit rester unique. Aussi le scientifique veut garder le pouvoir de vie et de mort sur sa progéniture dans le souci qu'elle ne se reproduise pas.

L'humanité, à force d'un surpoids de défaillances, peut se conduire elle-même à sa propre perte. La psychologie clinique a approfondi la réflexion sur le malaise intime du créateur. De Maupassant à Ionesco, la notion de folie évolue. Elle trouve en littérature une troublante illustration tandis que la part autobiographique n'est jamais complètement absente de ce qui la constitue.

LE NARRATEUR-FOU

Le narrateur-personnage est l'une des voix qui accorde au récit *Le Horla* de Guy de Maupassant un sentiment d'immédiateté. Mais lorsqu'elle est voilée du timbre de l'angoisse, lorsque l'étrange s'introduit dans le quotidien du héros, le lecteur ressent irrémédiablement son déséquilibre. Narration prise en charge par le personnage principal, elle obéit à un ensemble codé dans lequel les événements surgissant épisodiquement sont intrinsèquement liés aux faits de la vie quotidienne et s'y installent, accentuant la montée en puissance du sentiment d'étrangeté. Le lecteur aussi en ignore les modalités. Dès le 12 mai, le personnage évoque les forces de l'invisible. Commence alors pour lui une descente toujours plus profonde dans les ténèbres de la déraison.

La notion de folie a traversé les époques depuis le Moyen Âge, tandis qu'elle était confondue avec la possession démoniaque. La santé mentale se situe à la frontière de la biologie et des sciences de l'homme, et l'attitude des savants évolue. Errants, homosexuels, aliénés, prostituées étaient les marginaux destinés à l'enfermement. C'est grâce à Philippe Pinel (1745-1826) que l'on retira les chaînes des « fous », ne croyant pas en leur dépravation morale mais davantage en un dérèglement des « nerfs ». Leur place n'était pas à côté des malfaiteurs. Délires, hallucinations, stupeurs et prostrations, l'observation des symptômes est longue pour répertorier les phobies ou la mélancolie, les manies ou la démence. On cherche alors les causes, évoquant les effets de l'âge et de l'hérédité. La dégénérescence serait peut-être la cause de l'instabilité psychique qui entraîne irrémédiablement l'internement et ce, jusqu'à la veille de la Première Guerre mondiale. En 1838, Esquirol fait voter la loi sur les aliénés qui règlemente l'hospitalisation et impose le respect de l'humanité du malade.

Si l'incursion des sciences expérimentales en littérature soulève la question de la survie de l'intrigue, les sciences dites « humaines » (psychologie, psychanalyse, sociologie, anthropologie) ajoutent au texte une couleur nouvelle : la représentation de l'homme s'appuie sur une autre approche de sa mémoire et de son désir. Si les philosophes et les écrivains dès le XVIIe siècle ont réfléchi au fonctionnement des facultés intellectuelles, Descartes détermine les bases du rationalisme, repris par

John Locke et David Hume pour qui l'expérience fonde la validité de nos connaissances. Mais réfléchir au fonctionnement de la conscience nécessite aussi d'autres outils que le XIXe siècle développera à l'envie. Ce qu'on appellera « psychologie cognitive » étudiera les phénomènes de la mémoire au cours desquels mots et images sont corrélés, les acquis immédiats se heurtant aux souvenirs. La part de stockage entre les informations conscientes et inconscientes représente cette réserve mise à disposition de l'écrivain : son parcours créateur est scandé par les effets ininterrompus des impressions nouvelles, opposées aux images anciennes, terreau fertile de l'esprit, espace psychique dont la psychanalyse s'emparera pour nommer « l'inconscient ».

L'inquiétude latente qui s'empare de Guy de Maupassant dès la fin des années 1880 ressort dans les tableaux d'une vie normande, en apparence sereine, mais un « rôdeur d'une race surnaturelle[5] » habite l'écrivain au point qu'il faut l'interner dans une maison de santé jusqu'à sa mort le 6 juillet 1893. Les théories dualistes de l'esprit, le mesmérisme, le magnétisme animal, le somnambulisme, l'hypnose, l'hystérie posent, en cette fin de siècle, la question de l'unité de l'être ou la possibilité qu'il se manifeste sous des aspects différents voire multiples. Le fantastique, avec Maupassant, se place à la jonction de la littérature et de la psychanalyse. Le double apparaît sous la forme d'un fluide invisible qui possède un pouvoir sur l'état général de l'homme, autant physique que psychique. En 1854, on apprend par la recherche de Rudolf Clausius que l'entropie s'apparente à un fluide, une fois associée à la chaleur. Suite à cette approche thermodynamique, il est question de voir dans l'univers un tout composé de fluides à la puissance insoupçonnée. Le récit de Maupassant enchaîne alors les épisodes les plus inquiétants au cours desquels la force « hors là » prend le pas sur le narrateur-personnage en proie à l'égarement.

La *Lettre d'un fou* rappelle déjà les règles qui ordonnent notre constitution physique et physiologique, arguant de l'existence d'organes nécessaires au bon fonctionnement de la « machine », soit le corps humain. Guy de Maupassant se réclame de Montesquieu qui, dans l'*Essai sur le goût*[6], est fidèle à un déterminisme rationaliste dominé par les lois, élément fondamental de toute composante, qu'elle soit sociale, politique ou organique,

---

5 *Le Horla*, Paris, Le Livre de poche, 1994, le 15 août, p. 64.
6 Écrit pour l'*Encyclopédie* et publié en 1748 à Genève.

inspirant l'écrivain : « Nos organes sont les seuls intermédiaires entre le monde extérieur et nous. C'est-à-dire que l'être intérieur, qui constitue *le moi*, se trouve en contact, au moyen de quelques filets nerveux, avec l'être extérieur qui constitue le monde[7]. » En adressant son récit à son médecin, le « narrateur-fou » délimite les cercles de l'étude psychique que la psychanalyse émergente va traduire par un langage du symptôme qui verbalise le malaise des patients, futurs « cas » cliniques. Il sent cet Autre de lui-même tourner autour de lui comme un spectre :

> Je m'enfermai de bonne heure, cherchant comment je pourrais parvenir à voir l'Invisible qui me visitait. Et je l'ai vu. J'en ai failli mourir de terreur. [...] Quand arriva le moment précis, je perçus une indescriptible sensation, comme si un fluide, un fluide irrésistible eût pénétré en moi par toutes les parcelles de ma chair, noyant mon âme dans une épouvante atroce et bonne[8].

Tout laisse à penser que cette altérité ne s'incarnera pas car l'Invisible tout puissant apparaît dans le miroir lorsque le narrateur se voit lui-même. Ce moment furtif est renchéri par « des images folles, des monstres, des cadavres hideux, toutes sortes de bêtes effroyables, d'êtres atroces, toutes les visions invraisemblables qui doivent hanter l'esprit des fous[9]. » Pareil aux rêves éveillés décrits par Mary Shelley lors de la rédaction nocturne de son roman, l'égarement de l'esprit entraîne l'apparition d'un désordre visuel qui surprend le narrateur, incapable d'en maîtriser l'accumulation. La raison vacille et il trouve dans l'expression le moyen de la rétablir. Mas la créature – le double de lui-même – a envahi le champ de la conscience. Son poids physique s'incarne psychiquement chez le dormeur le 25 mai :

> Je sens que quelqu'un s'approche de moi, me regarde, me palpe, montre sur mon lit, s'agenouille sur ma poitrine, me prend le cou entre ses mains et serre... serre... de toute sa force pour m'étrangler. [...] J'essaye, avec des efforts affreux, en haletant, de me tourner, de rejeter cet être qui m'écrase et qui m'étouffe, – je ne peux pas !

Le Horla, dans sa version diaristique, la deuxième, fait apparaître à plusieurs reprises le pouvoir grandissant du double. Prédateur qui ne

7 *Lettre d'un fou*, publiée dans *Gil Blas le 17 février 1885*, *op. cit.*, p. 81-89, p. 82.
8 *Ibid.*, p. 88.
9 *Ibid.*, p. 89.

lâche pas sa proie, il est un anthropophage qui savoure le « goût » de sa victime, le narrateur :

> J'ai senti quelqu'un accroupi sur moi, et qui, sa bouche sur la mienne, buvait ma vie en mes lèvres. Oui il la puisait dans la gorge, comme aurait fait une sangsue. Puis, il s'est levé, repu [...][10].

À cette scène vampirique répond, selon Pierre Danger, « une fixation obsessionnelle sur l'oralité[11] » sans que ce corps à corps n'adopte aucune connotation érotique. Le narrateur, dans son combat contre son double, cède à la panique d'entrer dans une relation fusionnelle qui le détruirait et d'être englouti. Dans son délire paranoïaque, il croit être l'initiateur de la vision anticipatrice que les scientifiques, tels que Jean-Baptiste Charcot, avec l'hypnose, et Franz Anton Mesmer (1734-1815), avec le magnétisme animal, avaient déjà développée à l'occasion du traitement de l'hystérie et de tout autre maladie nerveuse : « Ils ont joué avec cette arme du Seigneur nouveau, la domination d'un mystérieux vouloir sur l'âme humaine devenue esclave. Ils ont appelé cela magnétisme, hypnotisme, suggestion... que sais-je ? Je les ai vus s'amuser comme des enfants imprudents avec cette horrible puissance[12] ! » L'épisode du Docteur Parent, médecin qui pratique l'hypnose, prouve au demeurant que, si le Horla est le double du narrateur, celui-ci, d'abord désorienté, cherche par tous les moyens à s'en détacher. La révélation du nom est tardive puisqu'elle n'intervient que le 19 août. Ce n'est d'ailleurs pas le narrateur qui le baptise. C'est la créature qui crie son nom : elle est à la fois présente et absente, extérieure dans la demeure du narrateur, et intérieure comme incarnation de la folie du narrateur.

La perte de la raison ne rattache pas le personnage à la monstruosité. La régression expliquerait un comportement qui s'introduit dans une irréalité étrangère à la normalité formatée du quotidien. Le narrateur-personnage du *Horla* exprime cette emprise de l'inconscient sur le réel, donc la fuite de l'humain devant l'indicible. Il éprouve ce sentiment de perdre le contrôle de ses faits et gestes, de ne pouvoir maîtriser son environnement dont il pense avoir notamment pleine conscience. Malgré

10 Maupassant, Guy de, *Le Horla*, *op. cit.*, p. 44.
11 Danger, Pierre, *Pulsion et désir dans les romans et nouvelles de Guy de Maupassant*, Paris, Nizet, 1993, p. 184.
12 Maupassant, Guy de, *Le Horla*, *op. cit.*, p. 69.

cela, les événements l'inscrivent d'emblée dans un univers différent car étrange. La belle journée du début du récit cède la place progressivement à une vision angoissante de chaque instant qui n'aurait pas été filtré par cette présence étouffante si le narrateur n'avait pas remarqué d'étranges épisodes de la vie quotidienne. Cette impression d'étrangeté ne va plus le quitter. La rose cueillie par un être invisible, l'eau et le lait bus par un autre que lui, tous les épisodes corroborent la thèse d'une présence invisible, qu'il ressent inexorablement. Sa personnalité clivée accentue son désir de se voir dans son Autre. Car le Horla comme incarnation vivante de l'autre de soi, une altérité ambigüe et inquiétante, renvoie comme un effet-miroir, l'image narcissique d'un homme paisible et heureux, basculant soudain dans un pessimisme profond. Il crée son propre « autre de soi » dont la présence, d'abord insidieuse, va, en s'accroissant, provoquer un séisme dans la vie du narrateur-personnage. *Le Horla* reste un texte d'une valeur rare pour son illustration de la folie, état dont le narrateur ne sait s'il doit en souffrir ou s'en féliciter. En effet sa solitude est rompue mais le sentiment d'étouffement est supérieur à cet effet narcissique d'être « regardé ». Il contient en lui la créature qui le dévore, l'incarnation d'un doute qui le ronge. La métamorphose est en lui : le narrateur sent l'évolution d'un état divergent qui risque de le conduire à la métamorphose complète de sa nature initiale tout comme à la domination complète du genre humain. Il devient l'incarnation d'une puissance qui fera de l'individu un sujet servile, victime du même malaise, annonciateur de sa servitude au mythique Horla.

LA CRÉATURE MÉTAMORPHOSÉE

D'autres visages du monstrueux surprennent lorsque l'animalité renvoie le miroir des faiblesses humaines. Franz Kafka signe alors avec son lecteur un étrange contrat narratif : le héros de *La Métamorphose* (*die Verwandlung*, 1912) semble être un homme ordinaire, ignorant qu'il porte en lui la monstruosité. Entre croissance et dégradation (Pierre Brunel), le mythe du héros présente une vision angoissante des relations humaines car ni merveilleux, ni étrange, l'univers où il évolue banalise les symptômes du fantastique. Avec Lewis Carroll, l'enfance liée à l'innocence revêt des aspects similaires qui déstabilisent le lecteur, lequel hésite entre le rêve et la réalité.

Franz Kafka a mis en scène un personnage victime d'une disgracieuse transformation, et rejeté par ses proches. Dès l'incipit, Gregor Samsa sent son corps endolori par une carapace handicapante et répugnante. En 1912, Franz Kafka n'a plus que douze années à vivre, mais c'est une année fructueuse : *Verdict* écrit en une nuit, et son premier recueil de nouvelles, font de lui un écrivain à succès. La liaison engagée avec la jeune Berlinoise Felice Bauer est source de troubles et d'incompréhension depuis le mois d'août. Partagée entre trois cultures, tchèque, allemande et juive, Prague accueille le quotidien d'un écrivain au visage sombre mais à la plume acérée contre une société soumise aux revendications nationalistes tchèques dans un empire austro-hongrois décadent. Auteur de langue allemande, Kafka est intégré dans une communauté bouillonnante d'idées et son poste d'assureur à « l'Établissement d'assurances ouvrières contre les accidents pour le royaume de Bohème » ne le satisfait en rien comme la littérature dont il écrit dans son journal intime qu'il ne peut être rien d'autre que *littérature.* Lorsque le 17 novembre 1912, il commence la rédaction de *La Métamorphose*, il esquisse alors la trame d'un homme alerté par un réel dont il ne déchiffre plus les codes. Le lecteur est alors invité à entrer dans le quotidien de la famille Samsa. Le 7 décembre, l'un des plus grands chefs d'œuvre de la littérature européenne était achevé.

D'aucuns diront naturellement que le mythe de la métamorphose, ici revisité, a eu par tradition les héros au charme magique des récits d'autrefois, d'Ovide à Madame Leprince de Beaumont (*La Belle et la bête*), que la vision désenchantée de la condition humaine, exploitée à travers le récit de Gregor Samsa, a de quoi faire frémir celui qui est avide de sensations étranges. Le réel surpasse les doutes du lecteur qui finira par être désorienté en découvrant le récit du réveil singulier de Gregor :

> Un matin, après des rêves agités, Gregor Samsa s'éveilla et se trouva métamorphosé dans son lit en un énorme insecte. Il était couché sur le dos, un dos dur comme une cuirasse, et, en levant un peu la tête, il vit son ventre brun, voûté, divisé par des renforts arqués ; au sommet de ce ventre, la couverture, à peine retenue, était près de glisser complètement. Ses nombreuses

> pattes, pitoyablement minces par rapport au reste de son corps, papillotaient maladroitement devant ses yeux[13].

Ne plus se mouvoir comme d'ordinaire, fournir d'incommensurables efforts pour se tenir droit, prendre conscience des changements de son corps sont les détails d'un incipit *in medias res*, l'un des plus connus de l'histoire littéraire. La teneur fantastique du texte n'apparaît pas au premier abord puisque le personnage s'éveille : il quitte donc l'état onirique. Alors s'installe un quotidien dit *kafkaïen* où l'absurde l'emporte sur la logique. Il faut y voir une fable moderne.

L'écriture fut chez le jeune Franz Kafka – il est né le 3 juillet 1883 – une vocation éteinte par la nécessité d'avoir un métier. À cette exigence a très vite répondu le besoin irrépressible de se vouer presque exclusivement à une galerie de personnages, plus singuliers les uns que les autres. Du *Procès* au *Château*, à l'*Amérique*, on assiste à la naissance d'un univers singulier, à travers six récits publiés de son vivant, où l'individu, plongé dans les abysses de l'absurde, cherche les ressorts susceptibles de l'éloigner des abîmes de l'animalité vécue comme une allégorie de la solitude, de l'autorité, de la liberté perdue.

LE CAFARD : UN MYTHE DE LA CONTRADICTION

Samsa/Kafka : les consonances ne trompent pas le lecteur qui néanmoins ne pense pas d'emblée lire un récit librement inspiré de la vie de l'auteur pragois. Gregor a un métier routinier et de nature réservée, il est à la botte de ses parents qu'il entretient. Ceux-ci ne jurent pourtant que par les vertus de leur fille Grete, promesse d'accomplissement pour une famille restée sans ambition. Commercial de petite envergure, il ne parvient pas un matin à se lever. Devenu un odieux insecte *(Urtier)*, il succombe à la tyrannie de ses parents, agressé physiquement par son père, humilié par sa mère qui se sent impuissante face à la dégénérescence de son fils. Il leur paraît inutile à leur existence. Sa mort n'est pas intentionnelle mais instinctivement décidée.

---

13 Kafka, Franz, *Die Verwandlung / La Métamorphose (1912)*, Paris, Édition bilingue Authentica, 1988, p. 16 : « *Als Gregor Samsa eines Morgens aus unruhigen Träumen erwachte, fand er sich in seinem Bett zu einem ungeheueren Ungeziefer verwandelt. Er lag auf seinem panzerartig harten Rücken und sah, wenn er den Kopf ein wenig hob, seinen gewölbten, braunen, von bogenförmigen Versteifungen geteilten Bauch, auf dessen Höhe sich die Bettdecke, zum gänzlichen Niedergleiten bereit, kaum noch erhalten konnte. Seine vielen, im Vergleich zu seinem sonstigen Umfang kläglich dünnen Beine flimmerten ihm hilflos vor den Augen.* » Traduction de Jean-Jacques Briu, p. 17.

Une fable de l'exclusion

La recherche a dévoilé les analogies entre l'auteur et son personnage : Kafka a prêté à Gregor la monotonie de son existence et sa haine du père. Son caractère introverti fait obstacle à une véritable opposition envers sa famille qui exerce une véritable tyrannie sur ce fils incapable de les faire vivre. Devenu inutile, ils vont mettre en œuvre tous les moyens possibles pour accomplir leur vœu de mort. Du coup de pied que son père lui adresse violemment au lancer de pommes qui s'incrustent et pourrissent dans sa carapace, des cris de la sœur, horrifiée devant l'insecte, aux suffocations de la mère qui ne parvient pas à sauver son enfant de la mise à mort collective, tout s'ordonne autour de l'exclusion de Gregor le cancrelat.

> Il fut bientôt coincé et, seul, il n'aurait plus été capable de bouger ; d'un côté ses petites pattes étaient suspendues en l'air, tremblantes, de l'autre, elles étaient douloureusement coincées contre le sol ; c'est alors que le père lui donna par derrière, un grand coup qui cette fois fut véritablement libérateur, et il atterrit loin dans sa chambre, perdant son sang en abondance. La porte fut fermée bruyamment avec la canne, et puis ce fut le silence[14].

Est-ce son père qu'il voit en monstre ou est-ce lui qui doit disparaître pour que sa famille retrouve sa tranquillité ? Le 8 octobre 1912, Kafka aurait dit à son ami Max Brod qu'il avait pensé à se défenestrer, n'en pouvant plus de devoir se subordonner à la hiérarchie biaisée d'une famille médiocre menée par un père qui lui refusait son amour. Hermann Kafka qui l'avait laissé mourir de froid sur un balcon alors qu'il ne supportait pas les pleurs nocturnes du jeune Franz, qui face aux relations de son fils, alors devenu étudiant au sein d'une troupe de théâtre yiddish, aurait assimilé ses fréquentations aux puces vivant sur les chiens, joue un rôle majeur dans la genèse du texte : l'animalité est le seuil sur lequel il a fait tomber son enfant. La nouvelle est une réponse à toutes ses humiliations : il le considère comme un parasite pour son entourage. Là réside la part tragique de son existence. L'appartement abrite

14 *Ibid.*, p. 54 : « *Bald steckte er fest und hätte sich allein nicht mehr rühren können, die Beinchen auf der einen Siete hingen zitternd oben in der Luft, die auf der andern waren schmerzhaft zu Boden gedrückt – da gab ihm der Vater von hinten einen jetzt wahrhaft erlösenden starken Stoss, und er flog, heftig blutend, weit in sein Zimmer hinein. Die Tür wurde noch mit dem Stock zugeschlagen, dann wurde er endlich still.* » *Ibid.*, p. 55.

un huis clos à l'atmosphère irrespirable qui accompagne la déchéance physique et morale de Gregor. Il s'ensuit une contradiction : l'homme métamorphosé dont on eut attendu la cruauté devient la victime d'une famille monstrueuse. N'est pas transformé celui que l'on croit. La famille devient bourreau et l'intrus change de camp. Le parasite se plaque sur le visage de l'homme blessé.

Le réel transgressé

Dans la théâtralité de cette œuvre cruelle, le réel est transgressé :

> L'inquiétante étrangeté de la fiction – de l'imagination, de la création littéraire – mérite effectivement d'être considérée à part. Elle est avant tout beaucoup plus riche que l'inquiétante étrangeté vécue, elle englobe non seulement celle-ci dans sa totalité, mais aussi d'autres choses qui ne peuvent intervenir dans les conditions du vécu possible. [...] L'écrivain peut aussi intensifier et multiplier l'étrangement inquiétant bien au-delà de la mesure du vécu possible, en faisant survenir des événements qui, dans la réalité, ne se seraient pas présentés du tout, ou seulement très rarement[15].

Gregor Samsa incarne l'écrivain en perdition. Sa transformation physique accentue l'emprise du réel sur sa douloureuse conscience : il reste le fils d'un père qui le bride, d'une mère qui ne veut plus le reconnaître comme tel et le frère d'une sœur soucieuse de porter l'autorité de la famille. Ce portrait de l'artiste en cancrelat, qui s'ennuie dans son métier, n'efface pas les atouts de sa personnalité. Mourant sans rancune ni ressentiment, il est poussé d'un coup de balai, dans le recoin d'une porte. Devenu l'exclu, Kafka y exprime tout le potentiel créateur inhérent à l'artiste en souffrance.

Dans l'espace d'un appartement étriqué, dans un huis clos que jamais il ne peut transgresser, il s'écarte du réel extérieur alors que sa conscience est au début intacte. Subordonné à l'autorité paternelle puis

15 Freud, Sigmund, « Das Unheimliche » (1919), *op. cit.*, p. 264-265 : « *Das Unheimliche der Fiktion – der Phantasie, der Dichtung – verdient in der Tat eine gesonderte Betrachtung. Es ist vor allem weit reichhaltiger als das Unhemliche des Erlebens, es umfasst dieses in seiner Gänze und dann noch anderes, was unter den Bedingungen des Erlebens nicht vorkommt.* [...] *In diesem Falle kann der Dichter auch das Unhemliche weit über das im Erleben mögliche Mass hinaus steigern und verviefältigen, indem er solche Ereignisse vorfallen lässt, die in der Wirklichkeit nicht oder nur sehr selten zur Erfahrung gekommen wären.* » Traduction de Bertrand Féron, « L'inquiétante étrangeté », *op. cit.*, p. 258, 260.

sororale, Gregor succombe à la hiérarchie. Devenu le bouc émissaire de ceux qui auraient dû l'aider, il éteint en lui toute sa part d'humanité pour se laisser aller à l'instinct. L'animal en lui se réveille. Il devient le monstre qui doit disparaître, il se désagrège, se désintègre naturellement à force de ne plus parler, de ne plus bouger. L'homme recroquevillé sur lui-même, à l'odeur de pourriture, au corps « tout plat et tout sec[16] » incarne la vision désenchantée de l'humanité qui innerve tout l'œuvre de Franz Kafka. Le lecteur pressent d'ailleurs que sa fin est irréversible. Soumis à une hésitation permanente entre le réel de la fiction et son propre « désir de lecture » fondé sur le vœu de croire au « faire-vrai » de l'auteur, il est naturellement sensible à la déchéance physique du personnage dans un cadre familial théâtralisé ; père, mère et sœur participent directement à la naissance de la créature dont ils programment la mort, un fils, un frère dont ils ne constatent plus l'adhésion à leur médiocrité. Cette allégorie de l'exclu au sein de son propre clan pousse à l'extrême les visées fantastiques des ouvrages du début du XIXe siècle. À l'aube de deux guerres mondiales, l'écrivain ne craint plus de révéler combien l'homme est capable de la pire des abjections et choisit le genre fantastique pour montrer la participation à l'aveu de son inhumanité. La créature ne vainc pas les forces malsaines de son créateur, à l'instar du Docteur Frankenstein. Elle est l'exclue qui finira par périr de l'enfer social ou familial. Est-elle l'allégorie de l'artiste qui projette en elle son possible ressentiment ? La thèse semblerait simple. Nonobstant elle fonderait le scénario inconscient de la création littéraire dont la créature représente l'espace commun ralliant ou opposant la réalité du récit à celle du lecteur, celui-ci se retrouvant dans une position intrusive et instable. Autant la créature artificielle, par son étrangeté ou par sa force physique provoque son effroi (Shelley), ou du moins son angoisse (Hoffmann, Villiers de l'Isle-Adam), autant l'animalité le déstabilise : chez Gregor Samsa, elle symbolise la perte d'autonomie et de liberté, ce que Michel Surya nomme « l'humanimalité » pour qualifier le bestiaire kafkaïen[17].

---

16 Kafka, Franz, *Die Verwandlung / La Métamorphose* (1912), *op. cit.*, p. 134 : « *…vollständig flach und trocken…* ». Traduction de Jean-Jacques Briu, *op. cit.*, p. 135.

17 *Humanimalités*, Paris, Leo Scheer, mars 2004.

LA MISE EN ŒUVRE D'UN FANTASME : L'HYBRIDITÉ DE GREGOR SAMSA ET D'ALICE

L'hybridité est une passerelle entre deux personnages de fiction que tout oppose au départ. Si Gregor touche bientôt à la fin de son existence, *Les aventures d'Alice au Pays des merveilles* se lisent comme un roman d'initiation. La petite fille s'ennuie à l'ombre d'un arbre, à l'écoute de la leçon que sa sœur lui lit avec application. Mais en l'absence d'images dans le manuel, l'imaginaire vient à la rescousse de la jeune fille : le rêve ouvre la porte de l'aventure. Ce voyage dans l'inconscient est composé d'une féérie que la réalité ne lui apporte pas. Les obstacles vont s'avérer nombreux. Le lecteur hésite, face aux provocations de l'imaginaire, entre conscience d'une réalité en échec et un inconscient salvateur, quand bien même il serait terrible. Entre réel et fantasme, Alice, à l'instar de Gregor, ose faire le pas dans un monde fantasmatique dont le lecteur appréhende mal l'issue. Loin de ce qui fait d'eux des êtres humains, ils sont les créatures inattendues dont l'humanité s'autoproclame en souffrance.

L'Angleterre de l'ère victorienne s'oppose à la Prague de la communauté allemande, aristocratie et cour n'ont rien en commun avec la famille Samsa qui vit isolée, aux crochets de Gregor. Dans les deux espaces d'échanges, Alice et Gregor, en dépit de leur déformation physique, relèvent les mauvaises manières de leur entourage. La narration s'organise autour de l'opposition de deux mondes dans lesquels n'est pas barbare celui que l'on croit. En effet, face à l'inaptitude au dialogue dont font preuve les Samsa comme la Chenille ou les invités pour la partie de thé, les deux héros s'enferment dans un monologue intérieur. Tous deux appartiennent à une double hybridité : le jeu des disproportions physiques coordonne un dialogue indirect entre Gregor dont on ne sait jamais précisément la taille, et Alice, démesurément grande, par exemple par rapport au Lapin dans la grande salle basse, pour y être peu après coincée. D'ailleurs, le partage identitaire entre humanité et animalité ne les place pas à égalité : Gregor Samsa subit la déchéance de son corps devenu un *Ungeziefer*, apparaissant comme une créature étrangère à son milieu, par opposition à Alice qui appréhende avec évidence les créatures, telles la Chenille campée sur un champignon ou deux valets de pied en livrée, à la fois grenouille ou poisson, et humains. Tous deux en quête d'attention voire d'affection se retrouvent à la place du monstre que l'on ne reconnaît plus et que l'on rejette. Leurs changements successifs de physionomie ont de quoi effarer leur entourage qui les accuse directement de ces mutations : Gregor voulant embrasser sa sœur provoque son effroi tandis que la jeune Alice ne sait plus si elle doit manger, boire ou non les différentes tentations alimentaires soumises à son palais. Carroll fait dire à Alice qu'elle « change ». La récurrence de ce verbe rend manifestes ses difficultés physiques et psychologiques à s'adapter au monde adulte, d'où ses relations conflictuelles, empreintes d'agressivité, à l'instar de Gregor dont le dialogue avec sa famille est rompu. Son ressenti s'élabore au gré de monologues intérieurs qui guident la compréhension du lecteur. La pomme lancée par son père sur son dos devient pourriture et annonce son funeste trépas. Si l'autorité est assumée par un aîné, l'entourage animalier d'Alice, la famille brutale de Gregor cherchent à assurer leur domination au point de tomber dans la barbarie assimilée à toute créature déshumanisée.

Quel est ce pays des merveilles auxquelles Lewis Carroll destine la jeune Alice ? Est-ce la contrée lointaine vers laquelle le 4 juillet 1862 il conduisait en barque les trois sœurs Liddell ? Alice incarne-t-elle son refus de devenir adulte, en emmenant ainsi le lecteur vers un espace rêvé auquel aspire tout enfant ? La reine de cœur, par son vœu de couper la tête de tout opposant, apparaît en souveraine totalitaire qui ouvre l'assemblée au débat, une fois la sanction tombée. Alice et Gregor sont les victimes d'un réel ennuyeux dans lequel ils ne trouvent pas leur place. La première s'interroge sur le passage à la maturité pendant que le second fait l'expérience de l'animalité comme symbole de régression : son incapacité à être, dans le regard des siens, le « fils de… » et le « frère de… » met en danger son rôle de soutien de famille et le fragilise aux yeux des siens. Développant en eux le sentiment d'étrangeté, Alice et Gregor manifestent ainsi leur désaccord à l'encontre de leur entourage, créant leur malaise tout en en souffrant. Inversement, ils sont les exclus d'une société aux prises avec l'intolérance de classes n'admettant pas la différence. Ils incarnent la banalisation de l'intolérance, l'admission de comportements à la violence souvent justifiée. Les raisons économiques sont chez Franz Kafka une piètre consolation à devoir supporter le quotidien du fonctionnaire enchaîné aux contraintes de son administration. Ils sont les proies de l'animalité à laquelle l'humanité menaçante les condamne puisque leur réel ne répond pas aux attentes de leurs proches :

Gregor lutte contre son auto-dégénérescence alors qu'Alice combat la toute-puissance d'animaux personnifiés. Mais au gré des différents obstacles, son état de créature lui fait quitter l'enfance pour s'initier progressivement au monde des adultes ; à l'inverse, Gregor, à l'image du cafard, emprunte le chemin inverse et cherche un réconfort à sa fragilité grandissante, pareille à celle de l'enfant perdu. L'entourage n'offre pas les repères suffisants à l'épanouissement d'Alice mais il est conforme aux codes du conte. Les animaux hybrides comme le Griffon, mi-aigle mi-lion, les créatures mi-objets, mi-hommes tels les jardiniers royaux représentés sous forme de cartes à jouer, inscrivent la quête de la jeune fille dans la sphère du merveilleux, laquelle reste envahie d'angoisse : retrouver la taille normale.

> « De plus en plus mieux ! » (Elle était tellement surprise que, sur l'instant, elle en oubliait vraiment de parler correctement) ; « maintenant, je me déploie comme le plus grand télescope qu'on ait jamais vu. Adieu, mes petits pieds » (car, lorsqu'elle regardait ses pieds, ces derniers lui paraissaient presque hors de vue, tant ils s'éloignaient[18].

Les évolutions physiques structurent le rythme des changements d'énonciation. Gregor Samsa vit un traumatisme plus profond encore : il découvre la métamorphose subie par son corps et n'en comprend pas son aggravation. Jamais il ne retournera à son état initial, contrairement à Alice qui retrouvera sa taille et se sentira alors suffisamment forte pour affronter la reine : « "Balivernes et absurdités !" dit Alice à haute voix. "Cette idée d'avoir la sentence avant le jugement ! [...] Vous n'êtes rien d'autre qu'un jeu de cartes !"[19] »

La métamorphose de l'individu en une créature aux atouts surnaturels interroge le genre littéraire : la frontière entre le réel et le monde imaginaire n'apparaît jamais de manière évidente. Chez Lewis Carroll comme chez Franz Kafka, la dimension onirique du récit déstabilise

18 Carroll, Lewis, *Les aventures d'Alice au pays des merveilles (Alice's adventures in wonderland)*, édition bilingue, Paris, Pocket, 1992, p. 42 : « *"Curiouser ans curiouser !" cried Alice (she was so much surprised, that for the moment she quite forgot how to speak good English) ; "now I'm opening out like the largest telescope that ever was ! good-bye, feet !" (for when she looked down at her feet, they seemed to be almost out of sight, they were getting so far off).* » traduction de Jean-Pierre Berman, p. 43.

19 *Ibid.*, p. 270 : « *"Stuff and nonsense !" said Alice loudly. "The idea of having the sentence first ! [...] You're nothing but a pack of cards !"* », traduction de Jean-Pierre-Berman, *ibid.*, p. 271.

le lecteur qui ne la perçoit pas d'emblée. La vie de Gregor Samsa lui semble suivre une voie certes tragique mais tout à fait cohérente, en dépit du conflit familial qui sert de catalyseur à son malaise physique et existentiel. Les épisodes rationnels s'opposent à une explication surnaturelle qui fait de lui l'un des personnages les plus marquants de la littérature fantastique. Chez Carroll, le lecteur n'éprouve pas l'angoisse de voir Alice sombrer, chute qu'il pressent en revanche pour Gregor. La structure du rêve détermine l'architecture du récit, aux dépens du merveilleux. Le dernier paragraphe est d'ailleurs explicite sur ce point : la sœur d'Alice rappelle l'importance du rêve dans l'appréhension du réel que chacun est ensuite plus à même d'affronter.

> La métamorphose est à la fois un mythe génésique et un mythe eschatologique, à la fois un mythe de la croissance et de la dégradation. Elle éclaire, dans un même personnage, – Alice ou Grégoire Samsa –, des pulsions inverses. Elle combine altérité et identité, introduisant à l'animal qu'on veut être mais découvrant en même temps l'animal que l'on est. Elle est à la fois imaginaire et réelle, parole et être, sens et non-sens. Elle ne se développe que pour finalement s'abolir. La survie du mythe perpétuellement réactivé par la littérature qu'il semble susciter, s'explique grâce à ces contradictions[20].

Dans le sens de l'étude de Pierre Brunel, la régression dont Gregor et Alice sont à la fois les victimes et les acteurs ne leur laisse pas le choix. Paradoxalement, elle est pour eux le moyen de se libérer de l'aliénation à laquelle ils sont voués : le premier fuit le microcosme familial, à l'image d'une société qui le condamne à se soumettre à l'ordre établi, la seconde souhaite échapper au monde adulte, synonyme d'ennui. Unies par le rêve, ces deux figures de la métamorphose, soucieuses de leur émancipation, montrent la façon dont ce processus peut mettre en péril l'humanité qui ne trouvera aucun avocat pour la défendre. Les pièces d'Eugène Ionesco vont le confirmer. Le mythe de la métamorphose survit au XXe siècle dans le genre théâtral. De plus, la science-fiction mettra au jour des créatures elles-mêmes issues de la recherche scientifique et aptes à remplacer leur modèle humain.

---

20 Brunel, Pierre, *Le mythe de la métamorphose*, Paris, Corti, Les Massicotés, 2004, p. 168.

LE FOU MÉTAMORPHOSÉ

Lorsque le théâtre du XXe siècle s'empare du sujet, il fait découvrir un auteur peu commun, venu des contrées de Roumanie : Eugène Ionesco (1909-1994). Ses pièces sont le reflet de déchirements personnels, entre deux langues et deux cultures, roumaine par son père, française par sa mère. Les angoisses que cet entre-deux engendre trouvent une expression théâtrale défiant toute écriture conforme aux règles classiques. Sa réflexion sur le langage, lui qui est polyglotte, convoque en lui les sources les plus intimes de sa création : s'exprimer ne signifie pas d'emblée que la communication s'établisse, encore moins une bonne compréhension. Les absurdités du langage deviennent l'essence de son écriture théâtrale, corrosive et pessimiste, mettant en exergue sa préoccupation majeure : la montée des extrémismes. Lui qui voit son père, en 1938, entrer dans la Garde de fer, mouvement d'extrême droite, lui qui, en 1944, sous l'Occupation nazie à Paris, accueille la naissance de sa fille, Ionesco est le dramaturge des contraires, et l'humour, dissimulant son anxiété, le situe au juste milieu d'un cadre où la survie est possible. Le théâtre prend sa place dans cette cimaise qu'il orne des tableaux les plus vifs d'une identité en perdition. Le rire devient cathartique, et *Rhinocéros* apparaît sur la scène du Théâtre de l'Odéon en 1960.

Un an auparavant, l'Allemagne à peine guérie d'un après-guerre de la reconstruction, donne la Première d'une pièce qui dénonce ses monstres. En effet, comment ne pas se rappeler les apparitions d'Hitler devant la foule hypnotisée ? Cette anecdote fut rapportée à Ionesco par l'écrivain Denis de Rougemont, alors présent en 1938 à Nuremberg, siège du congrès annuel du Parti national-socialiste, au moment d'un rassemblement nazi. L'écrivain s'est senti enveloppé par le mouvement de joie qui traversait la foule : les *Notes et contre-notes* retranscrivent ce délire du pouvoir collectif, l'hystérie d'un peuple qui cède à sa fascination pour le dictateur qui régnera en barbare. Comment ne pas sombrer dans la folie ? La question est posée au héros fétiche du dramaturge, créé dans *Tueur sans gages* (1957) et l'accompagnant jusqu'en 1963 avec *Le Piéton dans l'air*, et après *Le roi se meurt* (1962) : Bérenger, seul contre tous, dénonce la réalité du mal dans le monde. Il va résister à la rhinocérite, faisant de *Rhinocéros* « une pièce contre les hystéries collectives et les épidémies qui se cachent sous couvert de la raison et des idées[21]. » Eugène Ionesco fait aussi écho à la psychologie des foules du sociologue Gustave Le Bon (1841-1931) dont il rappelle dans *Présent passé. Passé présent* (1968) que l'individu reste une victime potentielle du collectif. Son instinct grégaire peut laisser sa nature primaire s'épanouir : contagion mentale et retour à l'animalité sommeillent en chacun.

D'autres sources s'ajoutent à cette position. La métamorphose inexpliquée de Gregor Samsa aurait fortement inspiré Ionesco. L'étrangeté du quotidien, ajoutée à l'absurde des relations entre les individus, fait évoluer la problématique liée à la créature : loin de tout artifice, l'être humain peut perdre son humanité et doit dans ce sens ne dépendre d'aucun totalitarisme. Sa gageure est de n'être jamais le sujet servile d'un pouvoir dont il pressent les possibles dérives, ce qui s'achèverait inévitablement par sa transformation en monstre. *Rhinocéros* met en scène la montée des extrémismes et Bérenger est le seul à résister à la rhinocérite qui accable tous les autres personnages passés au rang de créatures. Elles ne sont ni dérivées des progrès scientifiques, à l'instar du monstre du Docteur Frankenstein ou de l'Hadaly, ni surgies d'un malaise personnel tel *Le Horla*, ou de la croyance en un possible double de soi-même. La créature existe comme telle en chaque individu et se révèle sous la pression d'une intervention extérieure. Sujet d'un mal polymorphe, elle se coule dans le moule fabriqué par les idéologies de la civilisation contemporaine et sa monstruosité devient le lieu commun de tous. À travers cette régression se pose la question du retour de la culture à la nature.

Le théâtre du XXe siècle avec Ionesco met en scène les égarements de l'être humain dans son inadéquation au réel. La poétique de ce nouveau théâtre dit « absurde » contenait, déjà avec Antonin Artaud (1896-1948) dans les années 1930, l'idée de représenter la souffrance de personnages qui tentaient de donner du sens à leur existence quand le monde n'en avait plus. *Rhinocéros* s'inscrit dans cet élan d'avant-garde : le langage est le vecteur d'un environnement en pleine mutation et se désarticule. Il ne fait plus œuvre de communication et au lieu de rassembler les personnages entre eux, il est fait de ruptures, cédant le champ aux didascalies qui, devenant omniprésentes, mettent en avant

---

21 Ionesco, Eugène, *Notes et contre-notes. Pratique du théâtre*, Paris, Gallimard, 1962, p. 176-177.

le pouvoir du corps. Dénoncer est un enjeu dramaturgique, servi ici par un langage commun. Les personnages assistent au passage impromptu d'un rhinocéros dans l'espace scénique. Et au cœur de cette galerie sont ancrés des portraits caricaturaux tels l'ancien instituteur, Botard, « esprit méthodique, exact < qui > aime la chose précise, scientifiquement prouvée[22]. » Le langage devient source de jeu, tant par la réversibilité des mots que par l'omniprésence des didascalies devenues texte à part entière. Le langage amplifie par l'absurde le corps fantasmé de l'être métamorphosé tandis que les descriptions scéniques au début de chaque acte montrent un réel illusoire : « Les bruits produits par le rhinocéros, son barrissement se sont bien éloignés ; les gens suivent encore du regard l'animal, debout, sauf Bérenger, toujours apathique et assis[23]. »

Bannissant la structure classique d'une pièce ainsi que la règle des trois unités, ce nouveau théâtre jette un regard neuf sur la condition humaine pour en montrer son funeste destin. La « rhinocérite » collective est au théâtre ce que Gregor Samsa incarne dans le registre narratif : l'anéantissement individuel affligé par le regard tiers. La logique de Bérenger, cet anti-héros qui résiste à la métamorphose, est de refuser l'échec de la condition humaine : « Je suis le dernier homme, je le resterai jusqu'au bout ! Je ne capitule pas[24] ! » Isolé dans sa démarche, il est l'étranger qui lutte pour sa liberté de pensée. Cette « normalité démocratique » s'évanouit au profit de créatures totalitaires, devenues majoritaires dans le groupe et planifiant scientifiquement des millions de mort, poussant la déshumanisation jusqu'à son pire excès. L'antihéros n'a finalement plus ni psychologie ni destin. L'humour cruel du théâtre d'Ionesco transmet l'idée de cette banalisation du mal qui atteint l'homme dans sa folie : sa métamorphose en est la plus pure expression et il perd ce qui faisait son humanité. Eugène Ionesco situe le personnage dans son rôle contagieux, voulant « exprimer ce qu'il y a de monstrueux dans l'être humain », avouant être lui-même « en quête de leur monstruosité, et aussi de la < sienne >, et c'est comme ça que les gens peuvent être dévoilés, en montrant ce qu'ils sont. Une certaine partie de leur conscience, ou leur sous-conscience, a un

22 Ionesco, Eugène, *Rhinocéros* (1959), Paris, Folio Plus Classiques, 2006, p. 63.
23 *Ibid.*, p. 19.
24 *Ibid.*, p. 162.

caractère monstrueux[25]. » L'expression théâtrale met au jour la capacité de métamorphose qui couve en chaque individu lorsque, enclin à se laisser influencer, il se laisse aller sciemment à ses pulsions meurtrières. Ionesco inaugure ainsi un questionnement moral sur l'homme, ouvrant le champ d'un théâtre anticonformiste, dominé par la dérision.

LA CRÉATION DU NON-HUMAIN
Un monde absurde ou un progrès ?

> La science donne beaucoup de satisfaction à celui qui y consacre son travail et ses recherches, mais fort peu à celui qui en apprend les résultats. [...] Si donc la science donne de moins en moins de plaisir par elle-même et en ôte toujours davantage en jetant la suspicion sur la métaphysique, la religion et l'art qui consolent, voilà appauvrie cette source de plaisir, de toute la plus grande, à laquelle les hommes doivent peu à peu près toute leur humanité. [...] L'illusion, l'erreur, la chimère vont reconquérir pas à pas, parce qu'il s'y attache du plaisir, le terrain qu'elles tenaient autrefois : la ruine des sciences, la rechute dans la barbarie en seront la conséquence immédiate ; l'humanité devra se remettre à tisser sa toile après l'avoir, telle Pénélope, défaite pendant la nuit. Mais qui nous garantira qu'elle en retrouvera toujours la force[26] ?

La barbarie pressentie en 1878 par Nietzsche s'est finalement abattue sur le monde. Les deux guerres mondiales ont rebattu les cartes des genres littéraires. Ainsi s'achève le grand siècle du roman qui cède la place à

---

25 Hubert, Marie-Claude, « Entretien à Paris avec Eugène Ionesco, le 10 septembre 1979 », *Langage et corps fantasmé dans le théâtre des années cinquante*, Paris, José Corti, 1987.

26 Nietzsche, Friedrich, *Menschliches, Allzumenschliches (1878)*, M. Montinari et G. Colli, Berlin, Walter De Gruyter & Co, 1967, t. IV 2, § 251, p. 212-213 : « *Die Wissenschaftf gibt dem, welcher in ihr arbeitet und sucht, viel Vergnügen. Dem, welcher ihre Ergebnisse lernt, sehr wenig.* [...] *Wenn nun die Wissenschaft immer weniger Freude durch sich macht und immer mehr Freude, durch Verdächtigung der tröstlichen Metaphysik, Religion, Kunst, nimmt : so verarmt jene grösste Quelle der Lust, welcher die Menschheit fast ihr gesammtes Menschenthum verdankt.* [...] *Die Illusion, der Irrthum, die Phantastik erkämpfen sich Schritt für Schritt, weil sie mit Lust verbunden sind, ihren ehemals behaupteten Boden : der Ruin der Wissenschaften, das Zurücksinken in Barbarei ist die nächste Folge ; von Neuem muss die Menschheit wieder anfangen, ihr Gewebe zu weben, nachdem sie es, gleich Penelope, des Nachts zerstört hat. Aber wer bürgt uns dafür, dass sie immer wieder die Kraft dazu findet ?* » Traduction de Patrick Wotling, *Humain, trop humain, I*, Paris, Flammarion, 2019, Cinquième section : « Avenir de la science », p. 274-275.

une narration que l'on veut plus inventive encore, et surtout loin du réel. La créature artificielle n'est plus un mythe et l'homme commence rapidement à comprendre qu'il est voué à la déchéance.

La présence des sciences en littérature fut au début certes symbole d'évolution individuelle et de progrès collectifs. Le XIXe siècle a accueilli en littérature les grands pans de l'histoire scientifique. La science a structuré le quotidien des individus et continue de le faire (Michel Serres)[27]. En effet, l'intérêt d'œuvres telles que celles de Jules Verne a été d'expliquer ses rouages mais aussi ses dangers : « À force d'inventer des machines, les hommes se feront dévorer par elles ! Je me suis toujours figuré que le dernier jour du monde sera celui où quelque immense chaudière à trois milliards d'atmosphères, fera sauter notre planète[28]. » De nouveaux personnages sont apparus, ont été les médiateurs de la menace imminente, inaugurant un nouvel espace littéraire où la mise en récit des découvertes participaient à l'invention d'un autre savoir : régression individuelle, anéantissement sans scrupule de son prochain, participation à l'effort collectif de destruction. La littérature accueille ainsi les visages de ceux qui incarnent la face obscure de la nature humaine. Les sciences expérimentales cèdent la place aux sciences humaines pour qu'elles trouvent les clés d'une nouvelle interprétation et tentent de défendre la créature en difficulté. L'approche expérimentale se porte dorénavant sur le psychisme, sur l'étude des défaillances individuelles dont l'inconscient est l'ordonnateur. Si la fiction fut une sphère de résistance à la rationalité scientifique, elle participe au XXe siècle à l'essor du monstrueux qui ne dit pas son nom.

En 1925, Mikhaïl Boulgakov (1891-1940) publie *Cœur de chien*, un court roman de science-fiction, très audacieux. Le chirurgien Preobrajenski entreprend de greffer sur un chien errant l'hypophyse et les testicules d'un homme. L'animal se transforme alors sous le nom de Bouboulov, maîtrise le langage, obtient des responsabilités sociales et n'a pour but que de faire arrêter son créateur chez lequel il a soupçonné des projets contre-révolutionnaires. L'ombre de Mary Shelley plane sur ce récit dont on reconnaît la parenté. De la même façon, nous découvrons le récit d'une créature qui cette fois ne se retourne pas contre son créateur : « Mes robots étaient des engins conçus par des ingénieurs et non des

27 Serres, Michel, *Jules Verne, la science et l'homme contemporain*, *op. cit.*
28 *Cinq semaines en ballon (1863)*, Paris, Folio Classique, 2013, p. 129.

pseudo-humains créés par des blasphémateurs[29]. » Ainsi s'exprime Isaac Asimov à travers *Le cycle des robots* qui illustre « le complexe de Frankenstein[30] ». Le récit de science-fiction, précisément de robotique, terme qu'Asimov est le premier à utiliser d'après son essai *Menteur* (1941), bascule alors : les robots cessent d'être dangereux. Leur cerveau positronique leur fournit une conscience semblable à celle des humains. Leur existence devient même légitime dans le respect d'une certaine déontologie : ils se conforment à trois lois avec pour objectifs majeurs de prêter assistance à l'humain en danger, d'obéir aux ordres donnés par leur créateur et de savoir se protéger. Mais une « loi zéro » complète cette « charte » qui place l'intérêt de l'humanité au-delà de celle de tout individu. Le robot Cutie a d'ailleurs réussi à convaincre les autres machines qu'il était le prophète du Maître. Le pouvoir de Powell et Donovan, leurs maîtres, s'en retrouve amoindri. Cutie poursuit l'expérience de devoir contrôler une tempête d'électrons : il réfute la deuxième loi, refusant d'obéir aux techniciens, et parvient, seul, à maîtriser la station spatiale. Doué d'intelligence, il pense, donc il est : un « Descartes robot[31]. » Finalement le danger faustien du détournement de la science est remis en cause : les lois protègent l'individu d'une révolte de sa créature mais la preuve en est que celle-ci peut lui être supérieurement intelligente. La créature de Frankenstein, de Villiers de l'Isle-Adam serait-elle devenue chez Asimov l'être parfait ? Soumis aux ordres du créateur et à la fois autonomes, les robots illustrent l'impact des avancées technologiques dont Asimov, lui-même scientifique, sait qu'elles seront incontournables au XXe siècle, et même au-delà. Fervent rationaliste, il défend la démocratisation de la science, par le biais de la littérature, pour éclairer les lecteurs sur leur attitude à adopter en tant que citoyens.

Il arrive aussi que la créature gagne en autonomie et le revendique, hélas sans succès. À vouloir trop d'humanité, elle en perd toute sa richesse. C'est ce dont témoigne Charlie Gordon, héros du roman de science-fiction *Des fleurs pour Algernon* : « J'étais venu là comme un élément faisant partie d'une communication scientifique et je m'attendais à être donné en spectacle, mais tout le monde continuait à parler de moi comme si

29 *Le cycle des robots (1950)*, traduction de Pierre Billon, Paris, J'ai lu, préface de l'auteur, p. 15.
30 *Ibid.*, p. 15.
31 *Ibid.*, p. 79.

j'étais une sorte d'objet nouvellement créé qu'on présentait au monde scientifique. Personne dans cette salle ne me considérait comme un être humain. La constante juxtaposition "Algernon et Charlie", "Charlie et Algernon" montrait clairement qu'ils nous considéraient tous les deux comme une paire d'animaux d'expérience, sans aucune existence en dehors du laboratoire[32]. » Sans passé ni présent, encore moins dans l'espoir d'un avenir, Charlie Gordon, est un simple d'esprit sur lequel les médecins ont greffé l'intelligence, précédemment décuplée par Algernon elle-même, la souris de laboratoire. Professeur Nemur et Docteur Strauss reçoivent le rapport stipulant que « l'intelligence accrue artificiellement se détériore dans le temps à un rythme directement proportionnel à l'ampleur de l'accroissement[33]. » Le texte de Daniel Keyes est en effet construit sur la base d'un langage suivant l'évolution puis la régression de toutes les capacités cognitives de Charlie. Les discours enchâssés servent à montrer ses efforts pour faire apparaître une humanité supérieure à l'état infantile de sa naissance. En lutte contre sa propre dégénérescence, il s'éloigne de l'état de créature que les scientifiques lui ont assigné, cherchant à dépasser l'humanité pour laquelle il était programmé, accomplissant même la métamorphose amoureuse qui avait été refusée au monstre de Victor Frankenstein. Mais le projet à la fois prométhéen et satanique du scientifique se réalise : l'acmé atteint au pic de sa normalité d'homme amorce une lente décrue qui le conduit à nouveau au stade arriéré qui le caractérisait au départ. En témoignent les fautes d'orthographe grossières dès le début du récit : elles s'estompent au fur et à mesure de son accès à l'intelligence puis réapparaissent, trahissant son instabilité émotionnelle et les défaillances de sa mémoire. La mise en abyme du langage illustre ainsi un partage entre le projet narratif de Daniel Keyes, l'auteur, et le journal psychologique de Charlie, sujet du récit et objet expérimental.

« Science sans conscience n'est que ruine de l'homme[34] » : le postulat d'Edgar Morin est un rappel du danger que court l'individu à vouloir approfondir toujours plus le champ de ses recherches. Trop d'ambition peut entraîner le créateur à sa perte et à celle de son prochain. Le rôle de la littérature serait de mettre un frein à une lente désagrégation du

32 Keyes, Daniel, *Des fleurs pour Algernon (1959)*, traduction de Georges H. Gallet, Paris, J'ai lu, 1972, p. 164.

33 *Ibid.*, p. 257.

34 Morin, Edgar, *op. cit.*, p. 11.

verbal confronté à la technique. L'inévitable interaction entre les deux modes discursifs aboutit à une « requalification » du discours littéraire selon Jean Bessière qui, s'appuyant sur les thèses de Thomas Nagel, voit dans le discours de la science « le point de vue de nulle part[35]. » La science-fiction abuserait de toute la thématique qui, certes universelle, reste une réalité non vérifiée, telle les cyborgs, soit le non-humain. Dans ce cadre, la littérature réussirait à « naturaliser » la terminologie et l'arrière-plan scientifiques, offrant une meilleure lisibilité du monde. Mais dans l'attente des résultats expérimentaux, les récits d'anticipation contiennent le « discours de la connaissance de ce que nous ne sommes pas[36]. » Leur langage serait la tentative d'expliciter tout ce que la science tente de prouver sans y parvenir, afin de mieux interpréter les temps présents, peut-être de les prévenir.

35 Bessière, Jean, « Discours littéraire, discours scientifique, discours des savoirs. De la *Mathesis* au point de vue de nulle part », p. 363-381. *L'inscription littéraire des savoirs*, sous la direction de Patrick Marot, Paris, Classiques Garnier, 2019.

36 *Ibid.*, p. 380.

CONCLUSION

« Écrire, pour Kafka, c'est s'écrire. Et s'écrire, c'est décrire la métamorphose rêvée qui a permis la libération de l'écriture, – et devrait par conséquent permettre une autre métamorphose, la libération du rêve[1]... » Le récit littéraire, fondamentalement construit sur l'imaginaire, met en œuvre le fantasme d'un écrivain qui va trouver dans l'écriture l'espace d'une expression liée à ses projets intimes. Il est pareil à l'enfant désireux de rester au plus près de sa vérité, celle d'un fantasme ludique accompli dans la mise en scène de ses héros. Créateur et créature de fiction mêlent leurs identités. La figure du scientifique est alors apparue au fil des siècles comme une source d'inspiration. Les sciences et technologies des XIXe et XXe siècles se sont immiscées dans la sphère littéraire, gagnant en crédibilité aux yeux d'un public avide de comprendre les lignes de force de son temps mais potentiellement dérangé par la nouveauté. En attribuant à la créature le rôle-miroir de vaines ambitions et d'échecs expérimentaux, l'écrivain a anticipé les risques auxquels la réalité scientifique était susceptible de l'exposer et aménagé la quête rationaliste à l'aune de son vœu d'écriture. Victor Hugo avait prévu et défendu la force de la poésie, guidée par l'idéal subjectif de son auteur : « Le progrès, but sans cesse déplacé, étape toujours renouvelée, a des changements d'horizon. L'idéal, point. Or, le progrès est le moteur de la science, l'idéal est le générateur de l'art. C'est ce qui explique pourquoi le perfectionnement est propre à la science, et n'est point propre à l'art. Un savant fait oublier un savant ; un poète ne fait pas oublier un poète. [...] La science fait des découvertes, l'art fait des œuvres[2]. » Rien n'est moins simple que d'assurer la pérennité du texte littéraire s'il se mêle à un autre discours.

1 Brunel, Pierre, *Le mythe de la métamorphose*, *op. cit.*, p. 116.
2 Hugo, Victor, *William Shakespeare (1864)*, chapitre « L'Art et la Science », Paris, Garnier Flammarion, 2003, p. 125, 128.

Les sciences humaines proposent une première explication à ce déséquilibre, surtout lorsque la créature tente d'évoluer sans y parvenir. La science devait l'y aider, comme Mary Shelley l'a illustré. Or l'artifice ne peut résoudre son dilemme. Elle est celle qui subit, celle qui, malgré elle, ressent les métamorphoses indépendantes de sa volonté et essaie d'en sortir. *Les aventures d'Alice au Pays des Merveilles* ne sont finalement pas un conte pour enfants quand la jeune héroïne fait front à l'hostilité de créatures irréelles. Quant à Gregor Samsa, il démontre la part inexpliquée et injustifiée de la métamorphose qu'un entourage contribue à accentuer. Le regard social sur l'humain participe à sa déchéance, contribue à révéler en lui « la bête immonde » devenue une rhinocérite que pas même la science ne pourrait contrecarrer. La créature, façonnée par l'idéologie, sert la montée des totalitarismes et ainsi, l'Histoire prend le dessus sur l'idée de progrès. L'être retourne contre lui les résultats de l'expérience. Ce revirement s'incarne dans le passage de l'humain à l'inhumain puis au non-humain.

La créature est hors monde. Le projet de lui donner forme en littérature a d'abord été associé au pouvoir bénéfique de l'homme sur la nature. Figure hybride, elle a incarné l'effort individuel de se substituer à Dieu. À partir du XIXe siècle, elle est devenue le support d'une remise en question, essentiellement romantique, des sciences positives. Le savant a agi en réaction contre la modernité issue des Lumières, voulant acquérir une intelligibilité totale du fait humain et a exercé sa recherche au gré de tous les *a priori* dont la science est capable. L'accès à l'artifice présupposait un risque, mais qu'importe. La créature artificielle est devenue l'emblème d'un autre savoir passant par l'épreuve du non-savoir, la figure littéraire d'un entre-deux, d'un espace intermédiaire entre la science et l'imaginaire jusqu'à ce que la science participât à la naissance du double dangereux.

Finalement sa représentation en littérature ne conduit pas à l'altération du fait littéraire. En effet, l'écrivain pense le vivant, interprète le monde qui l'entoure pour mieux y redéfinir sa propre place en tant que créateur. Son écriture s'avère souvent visionnaire et valorise tout le substrat de la chose expérimentale. Les sciences sont présentes au profit de la narration qui n'ignore pas la dimension mythique de l'intrigue et du héros. Par l'appel qu'elle lance à l'intimité de l'auteur et à l'imaginaire du lecteur, la littérature est une source de résistance à la rationalité scientifique qu'elle ne cherche ni à combattre radicalement, ni à vaincre, mais à compléter. La technique chez Jules Verne annonce ; le rire chez Ionesco dénonce. Dans les deux cas, la créature comme sujet a porté haut les vœux d'individus qui ont cru dans le progrès. La littérature témoigne chez l'humain de sa gageure de rester précisément humain sans dépendre d'aucun totalitarisme, ni scientifique, ni politique. Par le pouvoir de l'imaginaire, l'écrivain donne la parole à des hommes, créateurs et créatures, qui ont exploré l'inconnu au plus profond. C'est dans ce sens que la littérature est capable de produire un savoir sur le monde. Quelles qu'en soient les formes discursives, elle translate les connaissances morales, philosophiques, sociologiques en un langage qui reconfigure ce savoir, régénère les fondements explicatifs et univoques de la science pour la compléter à l'aide de discours nuancés s'adressant tant aux acteurs profanes qu'aux lecteurs savants. Au centre du questionnement littéraire subsiste la question du sujet. Soumis à l'expérience, il fonde le savoir scientifique, en même temps qu'il le renouvelle, non sans risques.

Sciences expérimentales et sciences humaines se sont ainsi côtoyées pour donner naissance à une anthropologie nouvelle où domine la question de survie de l'humain quand il en a perdu les attributs. Du démiurge au monstre, la représentation qu'il avait de lui-même et de son univers révélait un malaise identitaire certain. Entre sciences et fiction, le discours littéraire ne s'est finalement pas présenté en opposition au réel : si les premières ont voulu exporter des preuves expérimentales, la seconde a construit et continuera de construire un sens, malgré son allure falsificatrice qui vaut bien des vérités. La cohérence de l'histoire fait œuvre de vraisemblance. L'enjeu de la littérature, reflet du monde, est finalement de renouveler les interrogations passées sur le savoir afin que création scientifique et création littéraire s'incarnent en une créature nouvelle, si possible, au bénéfice de l'humain.

BIBLIOGRAPHIE

SOURCES

ASIMOV, Isaac, *Le cycle des robots* [1950], traduction de Pierre Billon, Paris, J'ai lu, 2012.

BRECHT, Bertolt, « La vie de Galilée » (*Das Leben des Galilei, 1938-1939), Théâtre complet*, trad. Armand Jacob et Édouard Pfrimmer, t. 4, Paris, Éditions L'Arche, 1975.

CARROLL, Lewis, *Les aventures d'Alice au pays des merveilles (Alice's adventures in wonderland)*, édition bilingue, traduction de Jean-Pierre Berman, Paris, Pocket, 1992.

FLAUBERT, Gustave, *Madame Bovary* [1857], Paris, Gallimard, coll. « Folio Classique », 2001.

FREUD, Sigmund, « Das Unheimliche » [1919], *Gesammelte Werke*, Francfort/Main, S. Fischer Verlag, 1947, t. 12. Traduction de Bertrand Féron, *L'inquiétante étrangeté* [1919], Paris, Gallimard, coll. « Folio Essais », p. 209-263.

GONCOURT, Jules et GONCOURT, Edmond, *Journal. Mémoires de la vie littéraire II, 1866-1886*, Paris, Robert Laffont, coll. « Bouquins », 1956.

HOFFMANN, Ernst Theodor Amadeus, *L'Homme au sable* [1817], traduction de Loève-Veimars, Paris, La Bibliothèque Gallimard, 2003.

IONESCO, Eugène, *Rhinocéros* [1959], Paris, Gallimard, coll. « Folio Plus Classiques », 2006.

KAFKA, Franz, *Die Verwandlung / La Métamorphose* [1912], Paris, Édition bilingue Authentica, 1988.

KEYES, Daniel, *Des fleurs pour Algernon* [1959], traduction de Georges H. Gallet, Paris, J'ai lu, 1972.

MAUPASSANT, Guy de, *Le Horla* [1887], Paris, Livre de Poche, 1994.

NIETZSCHE, Friedrich, *Menschliches, Allzumenschliches* [1878], M. Montinari et G. Colli, Berlin, Walter De Gruyter & Co, 1967, t. IV 2, Traduction de Patrick Wotling, *Humain, trop humain, I*, Paris, Flammarion, 2019.

SHELLEY, Mary, *Frankenstein ou le Prométhée moderne* [1818], traduction de

l'anglais de Paul Couturiau, Paris, Gallimard, coll. « Folio Plus », 1997. *The annotated Frankenstein*, édité par Susan L. Levao, J. Wolfson, Cambridge, Harvard University Press, 2012.
VERNE, Jules, *Cinq semaines en ballon* [1863], Paris, Folio Classique, 2013.
VILLIERS DE l'ISLE-ADAM, *L'Ève future* [1886], édition présentée par Alan Raitt, Paris, Gallimard, coll. « Folio Classique », 1993.
ZOLA, Émile, *Le Naturalisme au théâtre*, Paris, Éditions Charpentier, 1881.
ZOLA, Émile, Préface de *Thérèse Raquin* [1867], *Œuvres complètes*, publiées sous la direction d'Henri Mitterand, Paris, Nouveau monde Éditions, 2003.
ZOLA, Émile, Préface de *La Fortune des Rougon-Macquart* [1870], Paris, Gallimard, coll. « Pléiade », 1960, vol. 1.
ZOLA, Émile, *Le Roman expérimental* [1880], *Œuvres complètes*, vol. 9, Paris, Éditions Le Nouveau Monde, 2004.
ZOLA, Émile, *Docteur Pascal* [1893], Paris, Gallimard, coll. « Pléiade », 1967, vol. 5.

LITTÉRATURE, MÉDECINE, MYTHE ET SCIENCES

ACINAS, Blanca et GÉAL, François (dir.), *Littérature et appétit des savoirs*, Université de Burgos, 2014.
ACQUIER, Marie-Laure, « Présentation : soif de mots, désir de science. Quelques aspects de la relation entre littérature et science(s) », *Cahiers de Narratologie*, 18/2010.
AGOSTINI, Francis (dir.), *Science en bibliothèque*, Paris, Éditions du cercle de la librairie, 1994.
ALBOUY, Pierre, *Mythes et mythologie dans la littérature française*, Paris, Colin, 1969.
ALEXANDRE-BERGUES, Pascale et GUÉRIN, Jean-Yves (éd.), *Savoirs et savants dans la littérature. Moyen-Âge – XX*[e] *siècle)*, Paris, Classiques Garnier, 2010.
ASSOUN, Paul-Laurent, *Corps et symptôme*, Anthropos, Economica, 1997.
ASSOUN, Paul-Laurent, *Littérature et psychanalyse*, Paris, Ellipses, 1996.
ASSOUN, Paul-Laurent, « L'écriture-femme de l'inhumain. Frankenstein saisi par la psychanalyse », p. 95-125, *Analyses et réflexions sur Mary Shelley Frankenstein, L'humain et l'inhumain*, Paris, Ellipses, 1997.
BARTHES, Roland, *Le plaisir du texte*, Paris, Le Seuil, coll. « Points Essais », 1973.
BARTHES, Roland, *Leçon inaugurale de la chaire de sémiologie littéraire du Collège de France, prononcée le 7 janvier 1977*, Paris, Le Seuil, coll. « Points Essais », 1978.

BERNARD, Claude, *Introduction à l'étude de la médecine expérimentale* [1865], Paris, Flammarion, 2008.

BOUVERESSE, Jacques, *La connaissance de l'écrivain. Sur la littérature, la vérité et la vie*, Paris, Agone, 2008.

BRUNEL, Pierre, *Mythocritique. Théorie et parcours*, Paris, PUF, 1992.

BRUNEL, Pierre, *Le mythe de la métamorphose*, Paris, Corti, coll. « Les Massicotés », 2004.

BRUNEL, Pierre (dir.), *Mythes et littérature*, Centre de recherches en littérature comparée, Paris, Presses universitaires de la Sorbonne, 1994.

CANGUILHEM, Georges, *Idéologie et rationalité dans l'histoire des sciences de la vie* [1977], Paris, Vrin, 2009.

CARLIER, Christophe, GRITON-ROTTERDAM, Nathalie, *Des mythes et aux mythologies*, Paris, Ellipses, 1994.

CHASSAY, Jean-François, *Si la science m'était contée. Des savants en littérature*, Paris, Le Seuil, 2009.

CLAMEN, Michel, *Jules Verne et les sciences*, Paris, Belin, 2017.

COQUIO, Catherine et SALADO, Régis, *Fiction et connaissance. Essai sur le savoir à l'œuvre et l'œuvre de fiction.* Paris, L'Harmattan, 1998.

COQUIO, Catherine et SALADO, Régis, *Fiction et connaissance. Essai sur le savoir à l'œuvre et l'œuvre de fiction.* Paris, L'Harmattan, 1998.

COTARDIÈRE, Philippe de la, *Histoire des sciences. De l'Antiquité à nos jours*, Paris, Taillandier, coll. « Texto », 2012.

DANGER, Pierre, *Pulsion et désir dans les romans et nouvelles de Guy de Maupassant*, Paris, Nizet, 1993.

DESMARETS, Hubert, *Création littéraire et créatures artificielles. L'Ève future, Frankenstein, Le marchand de sable, ou le je(u) du miroir*, Paris, Éditions du temps, 1999.

DIDIER, Béatrice et PONNAU, Gwenhaël (dir.), *L'homme artificiel : les artifices de l'écriture ? Hoffmann, Mary Shelley, Villiers de l'Isle Adam*, Paris, SEDES, Cahiers de Littérature générale et comparée, 1999.

DILTHEY, Wilhelm, « Introduction aux sciences de l'esprit. Pour fonder l'étude de la société et de l'histoire », Trad. de Sylvie Mesure, *Critique de la raison historique*, Paris, Éditions du Cerf, 1992. « Einleitung in die Geisteswissenschaften. Versuch einer Grundlegung für das Studium der Gesellschaft », *Gesammelte Schriften*, Göttingen, Vandenhoek & Ruprecht, 1990, 23 vol.

DUFIEF-SANCHEZ, Véronique (dir.), *Les écrivains face au savoir*, Éditions universitaires de Dijon, 2002.

DUMASY-QUÉFELLEC, Lise et SPENGLER, Hélène, *Médecine, sciences de la vie et littérature en France et en Europe de la Révolution à nos jours*, Genève, Droz, 2014.

DURAND, Gilbert, *Les structures anthropologiques de l'imaginaire (1960)*, Paris, Dunod, 1984.

ELIADE, Mircea, *Aspects du mythe*, Paris, Gallimard, coll. « Folio Essais », 1963.

ESPAGNAT, Bernard d', *Penser la science ou les enjeux du savoir*, Paris, Dunod, 1990.

EZQUERRO, Milagros, *Fragments sur le texte*, Paris, L'Harmattan, 2002.

FONDANÈCHE, Daniel, *Paralittératures*, Paris, Vuibert, 2005.

FONDANÈCHE, Daniel, *La littérature d'imagination scientifique*, Amsterdam, New-York, Rodopi, 2012.

FOUCAULT, Michel, *Les mots et les choses. Une archéologie des sciences humaines*, Paris, Gallimard, 1966.

FOUCRIER, Chantal (dir.), *Les réécritures littéraires des discours scientifiques*, Paris, Éditions Michel Houdiard, 2005.

FOUREZ, Gérard, *La construction des sciences. Introduction à la philosophie et à l'éthique des sciences*, Paris, Bruxelles, De Boeck Université, 1988.

GENETTE, Gérard, *Fiction et diction*, Paris, Le Seuil, 1991.

GINGRASS, Yves, *Sociologie des sciences*, Paris, PUF, coll. « Que sais-je ? », 2013.

GIRARD, René, *La violence et le sacré*, Paris, Fayard, coll. « Pluriel », 1972.

GUSDORF, Georges, *Les Sciences de l'homme sont des sciences humaines*, Strasbourg, Publications de la Faculté des lettres de l'université de Strasbourg, 1967.

HALLYN, Fernand, *Les structures rhétoriques de la science de Kepler à Maxwell*, Paris, Le Seuil, coll. « Des Travaux », 2004.

HUET-BRICHARD, Marie-Catherine, *Littérature et mythe*, Paris, Hachette, 2001.

HUXLEY, Aldous, *Littérature et science*, traduction de Jacques Hess, Paris, Plon, 1966.

IONESCO, Eugène, *Notes et contre-notes. Pratique du théâtre*, Paris, Gallimard, 1962.

JACQUART, Danielle (dir.), *De la science en littérature à la science-fiction*, Aubervilliers, Éditions du CTHS, 1996.

JEANNERET, Yves, *Écrire la science. Formes et enjeux de la vulgarisation*, Paris, PUF, 1994.

LATOUR, Bruno, *La Science en action. Introduction à la sociologie des sciences* [1989], Paris, La Découverte / Poche, 2005.

LECERCLE, Jean-Jacques, *Frankenstein : mythe et philosophie* [1988], Paris, PUF, 1997.

LEPELTIER, Thomas (dir.), *Histoire et philosophie des sciences*, Auxerre, Éditions Sciences humaines, 2013.

LÉVI-STRAUSS, Claude, *L'Anthropologie structurale*, Paris, Plon, 1958.

MARCHEREY, Pierre, « Science, philosophie, littérature », *Textuel*, Revue de l'UFR de Lettres de l'université Paris VII, 2000, p. 133-142.

MAROT, Patrick, *L'inscription littéraire des savoirs*, Paris, Classiques Garnier, 2019.

MATSUZAWA, Kazuhiro et SEGINGER, Gisèle, *La mise en texte des savoirs*, Presses universitaires de Strasbourg, 2010.

MAXWELL, Donald R., *Science or literature ? The divergent cultures of discovery and creation*, New York, Peter Lang, 2000.

MIGUET-OLLAGNIER, Marie, et BARON, Philippe, *Littérature et médecine*, Presses universitaires franc-comtoises, 2000.

MINARY, Daniel (éd.), « Savoirs et littérature », I, *Annales littéraires de l'université de Franche-Comté*, n° 635, 1997.

MORIN, Edgar, *Science avec conscience* [1982], Paris, Le Seuil, coll. « Points », 1990.

MUSTIÈRE, Philippe et FABRE, Michel, *Jules Verne. Les machines et la science*, Actes du colloque international, 12/10/2005 École centrale de Nantes, Paris, Coiffard Librairie éditeur, 2005.

NOIRAY, Jacques, « Figures du savant », *Romantisme*, 1998, n° 100, p. 143-158.

NOIRAY, Jacques, *L'Ève future ou le laboratoire de l'Idéal*, Paris, Belin, 1999.

REFFAIT, Christophe et SCHAFFNER, Alain (dir.), *Jules Verne ou les inventions romanesques*, Centre d'étude du roman et du romanesque de l'université de Picardie-Jules Verne, Encrage université, 2007.

SERRES, Michel, *Jules Verne, la science et l'homme contemporain. Conversations avec Jean-Paul Dekiss*, Paris, Éditions Le Pommier, 2003.

SNOW, Charles Percy, *Les deux cultures*, suivi de *Supplément aux deux cultures* [1959], traduit de l'anglais par Claude Noël, Paris, Éditions Jean-Jacques Pauvert, 1968.

SELLIER, Philippe, « Qu'est-ce qu'un mythe littéraire ? » *Littérature*, 1984, n° 55, p. 113-115.

SIGANOS, André, *Le Minotaure et son mythe*, Paris, PUF 1993.

SURYA, Michel, *Humanimalités*, Paris, Leo Scheer, mars 2004.

TODOROV, Tzvetan, *Introduction à la littérature fantastique*, Paris, Le Seuil, 1970.

TROUSSON, Raymond, *Sciences, techniques et utopies*, Paris, L'Harmattan, 2003.

VIERNE, Simone, « Puissance de l'imaginaire », *L'Herne*, Cahier Jules Verne, 1974, réédité en 1998.

WANLIN, Nicolas (dir.), *Littérature et sciences au XIXe siècle. Une anthologie*, Paris, Classiques Garnier, 2019.

WEBER, Anne-Gaëlle (dir.), *Belles lettres, sciences et littérature*, Épistémocritique, 2014.

WEBER, Anne-Gaëlle (dir.), *Passerelles, entre sciences et littérature*, Paris, Classiques Garnier, 2019.

WORMS, Marion, *Qu'est-ce qu'une théorie scientifique ?* Paris, Vuibert, 2011.

INDEX DES NOMS

Acquier, Marie-Laure : 44
Agostini, Francis : 9
Albouy, Pierre : 50
Alexandre-Bergues, Pascale : 9
Aquin, Thomas d' : 26
Archimède : 7
Aristote : 31
Artaud, Antonin : 111
Asimov, Isaac : 115
Assoun, Paul-Laurent : 35, 37, 78, 92-95
Austen, Jane : 68

Bachelard, Gaston : 29-30
Balzac, Honoré de : 52, 56
Barthes, Roland : 8-10, 18, 21
Baudelaire, Charles : 75
Bellemin-Noël, Jean : 36
Bernard, Claude : 40, 42, 58
Bessière, Jean : 17, 117
Beyle, Henri dit Stendhal : 54
Blanchot, Maurice : 39-40
Borges, Jorge Luis : 76
Boulgakov, Mikhaïl : 114
Bouveresse, Jacques : 43
Brecht, Bertolt : 20
Brod, Max : 103
Brunel, Pierre : 45, 100, 109, 119
Buffon, Georges-Louis Leclerc de : 26
Byron, George Gordon, Lord : 64, 69

Canguilhem, Georges : 29
Carroll, Lewis : 107-109
Cauderlier, Patrice : 12
Charcot, Jean : 54, 99
Chassay, Jean-François : 17
Clamen, Michel : 59-60, 62
Clausius, Rudolf : 97
Colbert, Jean-Baptiste : 26
Coleridge, Samuel Taylor : 69, 72
Compère, Daniel : 64
Comte, Auguste : 27, 34, 41, 43
Connochie-Bourgne, Chantal : 13
Copernic, Nicolas : 26
Coquio, Catherine : 17
Cuvier, Georges : 52

Danger, Pierre : 99
Darwin, Charles : 31, 52, 56, 65, 76
Darwin, Erasmus : 65
Dawley, Searle J. : 67
Descartes, René : 13, 26, 96
Desmarets, Hubert : 79
Dilthey, Wilhelm : 30-33
Doré, Gustave : 82
Dortier, Jean-François : 13
Dufief-Sanchez, Véronique : 12, 16
Durand, Gilbert : 46-47

Edison, Thomas : 82
Eliade, Mircea : 46
Espagnat, Bernard d' : 17
Esquirol, Jean-Etienne : 96
Ezquerro, Milagros : 44

Flaubert, Gustave : 9, 21, 55
Fondanèche, Daniel : 18-19
Fontenelle, Bernard de : 16
Foucault, Michel : 33-34
Foucrier, Chantal : 16
Fourez, Gérard : 16
Freud, Sigmund : 34-39, 79-80, 104

GALILÉE : 13, 20, 26
GALVANI, Luigi : 65
GENETTE, Gérard : 64
GINGRASS, Émile : 25
GIRARD, René : 91
GODWIN, William : 68
GOETHE, Johann Wolfgang : 11, 72
GONCOURT, Jules et Edmond de : 56
GUÉRIN, Jean-Yves : 9
GUSDORF, Georges : 31

HAECKEL, Ernst : 56
HALLYN, Fernand : 28
HEGEL, Georg Friedrich Wilhelm : 31
HÉRACLITE : 25
HIPPOCRATE : 7
HOFFMANN, Ernst Theodor Amadeus : 14, 67, 79-80, 92, 105
HOMÈRE : 68, 70, 77
HUBERT, Marie-Claude : 113
HUET-BRICHARD, Marie-Catherine : 46
HUGO, Victor : 119
HUME, David : 26, 31, 97
HUXLEY, Aldous : 22

IONESCO, Eugène : 22, 95, 109-112

JEANNERET, Yves : 16
JUIGNET, Patrick : 34

KAFKA, Franz : 22, 38, 100-105, 107-108, 119
KAFKA, Hermann : 103
KANT, Emmanuel : 31, 33
KARLOFF, Boris : 67, 93
KEYES, Daniel : 116

LANSON, Gustave : 44
LATOUR, Bruno : 15
LAVOISIER, Antoine : 26
LAZSLO, Pierre : 52
LE BON, Gustave : 111
LECERCLE, Jean-Jacques : 73
LEIBNIZ, Gottfried Wilhelm : 31
LÉVI-STRAUSS, Claude : 46-47
LINNÉ, Carl von : 52
LITTRÉ, Émile : 25
LOCKE, John : 26, 97

MAETERLINCK, Maurice : 32
MALLARMÉ, Stéphane : 75
MARCHEREY, Pierre : 11
MARX, Karl : 34, 39
MAUPASSANT, Guy de : 14, 22, 67, 90, 95-97, 99, 101
MAURON, Charles : 37
MAXWELL, Donald R. : 8
MELLIER, Denis : 64
MESMER, Franz Anton : 99
MILTON, John : 71, 77
MINARY, Daniel : 17
MONTESQUIEU, Baron de : 97
MORIN, Edgar : 11, 15, 20, 27, 116

NAGEL, Thomas : 117
NEWTON, Isaac : 13
NIETZSCHE, Friedrich : 32, 39, 113
NOIRAY, Jacques : 49, 51, 62, 81
NORDAU, Max : 19

PASCAL, Blaise : 26
PASTEUR, Louis : 54
PINEL, Philippe : 96
PLATON : 13
POE, Edgar Allan : 75
PONNAU, Gwenhaël : 15, 53, 59, 62, 83
POQUELIN, Jean-Baptiste dit Molière : 13
PYTHAGORE : 25

RADCLIFFE, Ann : 68, 70
RENAN, Ernest : 27, 57
RICŒUR, Paul : 39
ROUGEMONT, Denis de : 110

SAINTE-BEUVE, Charles-Augustin : 43
SALADO, Régis : 17
SCHELLING, Friedrich von : 79

SCHOPENHAUER, Arthur : 32
SELLIER, Philippe : 47
SERRES, Michel : 59, 114
SHAKESPEARE, William : 68, 70, 77
SHELLEY, Mary : 14, 21-22, 38, 50, 52, 59, 64-65, 67, 69-74, 76-82, 85, 87, 89, 92-95, 98, 105, 114, 120
SHELLEY, Percy : 64, 69-70, 77-78, 94
SIGANOS, André : 48
SIMMEL, Georg : 32-33
SNOW, Charles Percy : 7
SPENGLER, Oswald : 19
STEVENSON, Robert Louis : 92
SURYA, Michel : 105

TAINE, Hyppolite : 43
THALÈS : 25
TOLSTOÏ, Léon : 32
TODOROV, Tzvetan : 53
TROUSSON, Raymond : 19-20

VAUCANSON, Jacques : 79
VERNE, Jules : 10, 14-15, 19, 38, 52-54, 59-64, 76, 83, 114, 121
VIERNE, Simone : 61
VILLIERS DE L'ISLE-ADAM, Auguste : 10, 19, 22, 38, 54, 65, 74-76, 79-83, 85-86, 89, 92, 105, 115
VOLTA, Alessandro : 65

WAGNER, Richard : 32, 75
WANLIN, Nicolas : 8
WEBER, Anne-Gaëlle : 8
WEBLING, Peggy : 67
WELLS, Herbert : 19
WERBER, Bernard : 14
WHALE, James : 67
WOLLSTONECRAFT, ép. GODWIN, Mary : 68-69
WORMS, Marion : 15

YOUSFI, Louisa : 29

ZOLA, Émile : 10, 15, 21, 41-44, 55-59

TABLE DES MATIÈRES

INTRODUCTION

Querelle des savoirs, harmonie des discours 7

Le discours *sur* les sciences 13

Littérature de vulgarisation scientifique 16

Littérature d'imagination scientifique 18

À L'ORIGINE DE LA DIVERSITÉ DES SCIENCES 25

Le rationnel aux portes de l'imaginaire 25

L'avènement des sciences humaines. Un enjeu pluriel 29

Un savoir littéraire 40

DU RÉCIT MYTHIQUE AU MYTHE DU SCIENTIFIQUE 45

Fonctions du mythe 45

Héritage en littérature 48

La figure du savant 51

Le médecin : un grand homme 54

Un homme d'honneur et d'engagement
chez Gustave Flaubert et Émile Zola 55

Un homme à l'inquiétante passion
chez Jules Verne et Mary Shelley 59

Le savant démiurge : Mary Shelley
et le retour à Prométhée 67

Le livre en son temps 68

La quête scientifique au cœur du mythe fantastique 71

Le scientifique face au fantasme 74

La créature, expression du désir auctorial 75

Entre création et créature : un inconscient fantastique ? . . . 76

Après l'homme cousu, la femme artificielle 81

L'HÉRITAGE DU SAVANT
De la créature artificielle à l'émergence de l'inhumain 89
Le double monstrueux 91
« L'effet Frankenstein » 93
Le monstre et le féminin 95
Le narrateur-fou 96
La créature métamorphosée 100
Le cafard : un mythe de la contradiction 102
Une fable de l'exclusion 103
Le réel transgressé 104
La mise en œuvre d'un fantasme :
l'hybridité de Gregor Samsa et d'Alice 106
Le fou métamorphosé 110
La création du non-humain.
Un monde absurde ou un progrès ? 113

CONCLUSION 119

BIBLIOGRAPHIE 123

INDEX DES NOMS 129

Achevé d'imprimer par Corlet,
Condé-en-Normandie (Calvados),
en Mai 2022
N° d'impression : 176320 - dépôt légal : Mai 2022
Imprimé en France